GÉNÉRAL LE GROS

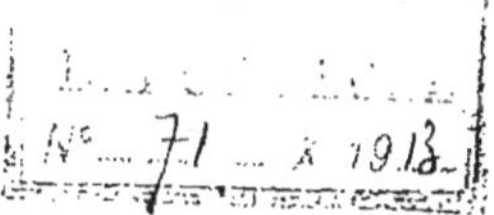

LE
MARÉCHAL GROUCHY

ET

L'AILE DROITE DE L'ARMÉE FRANÇAISE

Les 17 et 18 Juin 1815

LIBRAIRIE MILITAIRE BERGER-LEVRAULT

PARIS | NANCY

Rue des Beaux-Arts, 5-7 | Rue des Glacis, 18

1912

Prix : 1 fr. 50

Général **LE GROS**

LE
MARÉCHAL GROUCHY

ET

L'AILE DROITE DE L'ARMÉE FRANÇAISE

Les 17 et 18 Juin 1815

LIBRAIRIE MILITAIRE BERGER-LEVRAULT

PARIS | NANCY
Rue des Beaux-Arts, 5-7 | Rue des Glacis, 18

1912

(Extrait de la *Revue Militaire générale*)

LE
MARÉCHAL GROUCHY

ET

L'AILE DROITE DE L'ARMÉE FRANÇAISE

Les 17 et 18 Juin 1815

LA NUIT DU 16 AU 17 JUIN

La bataille de Ligny finit à 9 heures du soir.

Napoléon pouvait-il, en rentrant vers 11 heures à Fleurus, arrêter, même d'une façon générale, sa ligne de conduite pour le lendemain?

Nous n'hésitons pas, quoi qu'on en ait écrit, à répondre nettement par la négative.

Sans doute, il n'avait pas manqué d'examiner les diverses hypothèses qui pouvaient se présenter à l'esprit et les mesures que chacune d'elles comportait. Mais, dans une situation aussi délicate que la sienne, ne disposant que de 120.000 hommes en présence de deux armées ennemies en comptant plus de 200.000, il ne pouvait rien laisser au hasard, sans s'exposer à de terribles mécomptes : *tout faux mouvement lui était interdit.*

Les écrivains qui ont reproché à l'Empereur de n'avoir pris le 16 au soir, et le 17 avant 11 heures du matin, aucune décision, raisonnent d'une manière que nous ne pouvons nous empêcher de trouver fort discutable.

Ils tablent, quoique quelques-uns s'en défendent, et à leur insu, nous le voulons bien, sur la connaissance qu'ils ont des événements des jours suivants, sur les mouvements exécutés le 17 et le 18 par les Prussiens et par les Anglais.

Pour Napoléon le problème était autrement complexe.

S'il lui fallait agir avec une extrême rapidité une fois sa décision prise, il lui fallait aussi réfléchir mûrement et se montrer d'une grande prudence avant d'arrêter sa ligne de conduite, afin de ne pas se fourvoyer (1).

Or, que s'était-il passé aux Quatre-Bras? Il n'en connaissait rien en rentrant à Fleurus.

Qu'allaient faire les Prussiens après leur défaite? Il ne pouvait le savoir.

Il fallait poursuivre, a-t-on dit : était-ce possible?

Grouchy qui s'érige, ô ironie, en censeur des opérations de l'Empereur, l'a prétendu : « Si certes, dans la nuit du 16 au 17, Napoléon eût poursuivi l'armée prussienne, aussi vivement qu'il le fut, par elle, dans la nuit qui suivit la bataille de Waterloo, les résultats de celle de Ligny et les destinées de la campagne eussent probablement été fort différents (2). »

Mais l'infortuné maréchal, qui n'est pas plus habile, la plume à la main, qu'il ne l'a été à la tête de son détachement, se charge de se réfuter lui-même, lorsqu'il écrit à la page 115 du même volume : « Seulement alors la retraite des Prussiens a été présumée; je me sers de cette expression, car l'obscurité de la nuit rendait à peu près impossible de distinguer leurs mouvements, et l'extrême fatigue des troupes françaises qui, après des marches forcées, s'étaient battues le 15 et le 16, ne permettait guère de poursuivre l'ennemi. »

De quelle légèreté le maréchal ne fait-il pas preuve en comparant la situation de Napoléon le soir de Ligny à celle de Blücher le soir de Waterloo!

L'Empereur, le 16 juin au soir, sait qu'il a sur son flanc gauche l'armée anglaise plus ou moins concentrée, et il ignore jusqu'à quel point Ney a pu la contenir; il a en tête un ennemi qui vient de reculer, c'est vrai, mais qui fait encore front, et dont il ne sait au juste le degré d'ébranlement.

----

(1) C'était d'ailleurs conforme à ses principes de guerre : « Avant de faire un mouvement, il faut y voir clair; et c'est parce que je me suis aperçu que vous agissiez trop promptement et avant d'avoir vu se développer les projets des ennemis, que j'ai défendu que mes troupes sortissent de Hanau. J'attends toujours qu'une affaire soit mûre et que je la connaisse bien avant de faire manœuvrer. » (Napoléon à Jérôme, Schœnbrunn, le 9 juin 1806.)

(2) GROUCHY, *Mémoires*, vol. 5, p. 190.

Il manœuvre sur la ligne intérieure devant des masses doubles des siennes et toute erreur peut amener une catastrophe. Clausewitz l'a formellement approuvé de ne s'être pas lancé dans une poursuite immédiate qui eût été, dans sa situation, la plus dangereuse et la plus folle des aventures.

Blücher, le soir de Waterloo, n'a plus aucune inquiétude; il sait notre armée disloquée, épuisée, et peut pousser à fond sans rien risquer; il laisse sur le champ de bataille, comme un repli, l'armée anglaise victorieuse du fait de son arrivée sur le terrain de la lutte, et au surplus le corps de Thielmann le couvre vers Wavre!

Le raisonnement du maréchal Grouchy nous donne la mesure de la légèreté et de l'inconséquence qui ont été la caractéristique de son commandement indépendant le 17 et le 18 juin (1)!

Sans aucun doute, pour Napoléon, avant de mettre en mouvement dans une direction déterminée tout ou partie de l'armée victorieuse à Ligny, il fallait y voir clair, et, pour cela, la seule chose acceptable était de faire suivre l'ennemi par la cavalerie,

---

(1) La lecture des écrits de Grouchy ne fait que confirmer cette appréciation; on lit dans ses dernières observations (*Mémoires*, vol. 4, p. 483), une critique du fractionnement adopté par l'Empereur pour son armée, au début de la campagne, critique qui se termine ainsi :

« Ce fut par suite de ce fractionnement... que Napoléon n'eut pour combattre l'armée prussienne, le 16, que la moitié des forces avec lesquelles il l'eût abordée si l'autre partie de son armée n'eût pas été portée aux Quatre-Bras, mouvement *complètement inutile* puisque les troupes anglaises étaient encore réparties dans les cantonnements qu'elles avaient occupés depuis plusieurs mois, et que de sa personne le duc de Wellington savait si peu le mouvement de l'armée française, qu'il était à un bal à Bruxelles avec la plupart des officiers anglais. Quels résultats n'eût pas eus la bataille de Ligny, si l'Empereur l'eût livrée avec la *totalité de ses forces,* au lieu de ne le faire qu'avec 60.000 hommes environ... » Ainsi, Grouchy n'a pas l'air de savoir que, pendant la bataille de Ligny, Ney n'a contenu qu'à grand'peine aux Quatre-Bras les forces anglaises qui, laissées libres, auraient débouché dans le flanc gauche et sur les derrières de l'Empereur! Waterloo ne lui a pas appris qu'en opérant sur la ligne intérieure, il faut contenir une des masses ennemies par un détachement pendant que l'on combat l'autre, mission qui était la sienne, et à laquelle il a si déplorablement manqué le 18 juin!

Et cette autre observation : « Une des fautes de l'Empereur, le 16, est d'avoir dirigé ses efforts principaux contre l'aile droite des Prussiens, tandis que, s'il eût attaqué leur aile gauche, il mettait Blücher dans l'impossibilité d'avancer promptement sur la Dyle... et empêchait sa réunion avec l'armée anglo-belge. » En vérité, on croit rêver! Le maréchal, qui a pourtant assisté à la bataille, n'y aurait-il pas vu davantage que le dernier de ses dragons? Ce qu'il écrit est juste le *contraire de l'évidence même.* Et comment attaquer la gauche prussienne devant les masses ennemies tenant Sombreffe, Ligny, etc.? Il n'a donc pas regardé la carte! Et l'attaque centrale de Napoléon, qu'en fait-il?

La conduite sur le terrain de l'homme qui écrit de telles hérésies, ne peut plus étonner! C'était un *minus habens !*

afin de savoir où il allait, en attendant des nouvelles du maréchal Ney.

Il convenait aussi de laisser à nos escadrons surmenés quelques heures de repos avant de les lancer à la poursuite des Prussiens qu'ils joindraient toujours en temps utile, car ceux-ci ne pouvaient eux-mêmes, dans l'obscurité, plus ou moins en désordre, aller ni bien vite, ni bien loin, avant qu'il fît jour.

Napoléon, comme l'ont prétendu de nombreux critiques à la suite de Grouchy, a-t-il manqué à l'obligation qui s'imposait à lui?

« Plus tard, a écrit le maréchal, le mouvement rétrograde (des Prussiens) étant mieux indiqué, *je me rendis au point où Napoléon était demeuré pendant toute l'action* (1), afin de recevoir ses instructions; il en était parti pour son quartier général fixé à Fleurus; *je le joignis comme il entrait dans cette ville* (1) et lui demandai ses ordres. Sa réponse fut qu'il les donnerait le lendemain matin (2). »

Voyons maintenant les témoignages invoqués par Grouchy, ceux du général Le Sénécal, son chef d'état-major, et du colonel de Bloqueville :

« Le 16 juin, *vers les 10 heures du soir*, l'Empereur envoya un de ses officiers au maréchal Grouchy *pour lui dire de venir le joindre à Fleurus* (1) où il se rendait.

« Le maréchal fit répondre qu'il ne pouvait encore quitter ses troupes, que les Prussiens effectuaient leur retraite lentement et en bon ordre...... » Et après avoir exposé qu'une charge de la cavalerie du général Vallin accéléra la retraite des Prussiens, il ajouta : « Le maréchal se rendit alors près de l'Empereur qu'on lui dit être malade et couché et *qu'il ne put voir* (1) (3). »

« *Vers les 9 heures du soir* (1) l'Empereur quitta le champ de bataille et vint coucher à Fleurus. M. le maréchal s'y rendit vers minuit, et quand la retraite des Prussiens fut prononcée; *mais il ne put voir l'Empereur qui était couché et malade* (1) (4). »

Comme on le voit, ces deux versions diffèrent de celle de

<hr>

(1) C'est nous qui soulignons.
(2) *Mémoires*, vol. 5, p. 115.
(3) *Mémoires*, vol. 4, p. 127 et 128. Déclaration du général Le Sénécal.
(4) *Mémoires*, vol. 4, p. 145 et 146. Déclaration du colonel de Bloqueville.

Grouchy lui-même. Celui-ci ne mentionne pas avoir été appelé par Napoléon, ainsi que le déclare positivement son chef d'état-major qui indique la réponse que fit porter Grouchy à l'Empereur; d'autre part, le maréchal nous dit qu'il a vu l'Empereur à Fleurus; il rapporte la réponse que Napoléon lui a faite, alors que le général Le Sénécal et le colonel de Bloqueville écrivent qu'il n'a pas été reçu.

Il y a lieu de se demander si, le soir de Ligny, Grouchy qui était au contact immédiat de l'ennemi, occupé à le faire charger, eût quitté ses troupes si l'Empereur ne l'avait pas fait appeler. C'est fort peu vraisemblable, car il n'était pas sans se rendre compte que Napoléon savait où le trouver s'il avait des ordres à lui donner; en tout cas, dans sa situation, ce qui était indiqué, c'était d'envoyer au quartier général un de ses officiers, plutôt que d'y aller lui-même.

Le récit du général Le Sénécal présente donc, sur ce point particulier, de grandes garanties de véracité.

D'autre part, le maréchal est si positif quand il affirme qu'après avoir été chercher l'Empereur sur l'observatoire d'où il avait dirigé la bataille, il a dû se rendre à Fleurus pour le rejoindre, quand il rapporte la question qu'il posa et la réponse qu'elle reçut, qu'on ne peut guère douter qu'il ait vu Napoléon.

Dès lors, comment admettre que celui-ci eût fait mander le commandant de son aile droite, à pareille heure, *sans qu'il y eût urgence*, et uniquement pour lui apprendre qu'il n'avait rien à lui dire, si ce n'est d'attendre ses ordres jusqu'au lendemain matin?

Par qui Le Sénécal et de Bloqueville ont-ils su que leur chef n'avait pas été introduit près de l'Empereur? Ce n'est certainement pas par Grouchy, puisqu'il déclare formellement le contraire.

On comprend donc très bien que M. Houssaye (1) ait écrit qu'il résulte de la relation succincte du maréchal Grouchy, page 17, « que l'Empereur lui enjoignit de faire suivre l'ennemi par la cavalerie la nuit même, ou le lendemain de très grand matin ».

---

(1) *1815*. t. II, p. 218, note 2.

Le fait que la division Teste marcha en soutien de la cavalerie de Grouchy, est une preuve péremptoire que les ordres ont été bel et bien donnés par Napoléon, car cette division ne faisant pas partie des corps placés sous le commandement du maréchal, celui-ci ne pouvait en disposer sans l'agrément de l'Empereur.

Quand donc en revenant du grand quartier général, et en rejoignant ses troupes, Grouchy donna des ordres en vertu desquels, de 2 à 3 heures du matin, Pajol se porta sur Namur, ses escadrons appuyés par la division Teste, tandis que la cavalerie d'Exelmans marcha sur Gembloux, il ne faisait certainement que se conformer à ceux qu'il venait de recevoir de Napoléon qui, il ne faut pas l'oublier, prescrivit *lui-même* au général Monthion de poursuivre les Prussiens dans la direction de Wavre; comment admettre que l'Empereur n'ait pas chargé Grouchy du même soin sur la Meuse?

Le doute n'est pas permis : Napoléon a bien donné le 16 au soir les seuls ordres que la situation comportait, ordres organisant la poursuite par la cavalerie, qu'il ne pouvait pas ne pas donner tant les circonstances les lui imposaient, et dont le maréchal a voulu s'attribuer la paternité, contre toute vérité et toute vraisemblance, tout comme il essaiera plus tard de faire croire qu'il a pris la direction de Gembloux de sa propre initiative, et contrairement aux instructions qu'il avait reçues.

LA JOURNÉE DU 17 JUIN

Le reproche formulé par Grouchy contre Napoléon, et que tant d'écrivains ont pris à leur compte, d'avoir perdu la matinée du 17 juin, en attendant jusqu'à 11 heures pour prendre un parti et donner ses ordres, est-il fondé?

A quelle heure Napoléon a-t-il été en possession de renseignements lui permettant de prendre sa détermination? Toute la question est là.

Le maréchal Ney l'avait laissé sans nouvelles de la gauche de l'armée.

Vers 7 heures du matin, le général Flahaut, revenant des Quatre-Bras, le renseignait enfin sur les événements de la veille.

Peu après, un rapport de Pajol lui apprenait que les Prussiens étaient en retraite sur Liége et Namur.

On conviendra facilement qu'il n'y avait pas là des précisions assez grandes pour asseoir une manœuvre.

Les Anglais n'occupaient-ils les Quatre-Bras qu'avec une arrière-garde, ou bien leur armée y était-elle entièrement réunie?

Le rapport de Pajol était bien vague; il en ressortait que les Prussiens « se retiraient sur Saint-Denis et Leuze pour gagner la route de Namur à Louvain ».

Or, en raison de l'attaque centrale qui avait terminé la bataille de Ligny, il était fort improbable que toutes leurs masses eussent pu prendre cette direction; il fallait donc attendre d'autres avis, particulièrement ceux du général Monthion chargé d'éclairer vers Wavre; le fait que l'Empereur avait confié cette mission au chef d'État-major général, car c'était le titre de Monthion qui marchait immédiatement après Soult, prouve catégoriquement l'importance qu'il y attachait.

La plupart des critiques ont considéré qu'une retraite des Prussiens sur Namur mettait ceux-ci hors de cause et laissait Napoléon libre contre les Anglais!

Il n'est pas permis de raisonner plus faussement puisque Blücher, rapidement réorganisé (il l'a été en une nuit à Wavre, qu'on ne l'oublie pas), reprenant l'offensive, comme il fallait s'y attendre d'après sa conduite au cours des campagnes de 1813 et de 1814, eût été à même, en débouchant de Namur, d'intercepter immédiatement la ligne d'opérations de l'armée française. Dans ce cas, si Wellington (qui d'ailleurs n'a livré bataille à Waterloo qu'en raison de la certitude qu'il eut de voir les Prussiens le secourir) se fût retiré vers Bruxelles en n'engageant que des arrière-gardes, Napoléon se fût trouvé dans la plus fausse et la plus dangereuse des positions, les Anglais en tête, les Prussiens en queue, disposant d'un effectif double du sien!

Comme il l'a fait très justement observer à Sainte-Hélène, il ne pouvait, comme certains l'ont prétendu, porter Grouchy, dès le 17 juin au matin, sur Wavre, abandonnant ainsi à Blücher sa ligne d'opérations dans le cas où celui-ci, comme les renseignements permettaient de le croire, se serait replié sur Namur.

Il faut se rappeler que, de tous les grands généraux, Napoléon est celui qui a eu les principes de guerre les plus arrêtés, et ne pas oublier l'opinion qu'il professait quant aux lignes d'opérations.

Nous la trouvons lumineusement exposée dans sa correspondance avec le roi d'Espagne, en 1808.

« L'art militaire est un art qui a des principes qu'il n'est jamais permis de violer. Changer sa ligne d'opérations est une opération de génie; la perdre est une opération tellement grave qu'elle rend criminel le général qui s'en rend coupable.

« Ceux qui osent conseiller une telle mesure seraient les premiers à perdre la tête aussitôt que l'événement aurait mis au clair la folie de leur opération.

« Avec une armée composée toute d'hommes comme ceux de la Garde et commandée par le général le plus habile, Alexandre ou César, s'ils pouvaient faire de telles sottises, on ne pourrait répondre de rien; à plus forte raison dans les circonstances où est l'armée d'Espagne (1).

« Le général qui entreprendrait une telle opération se rendrait criminel.

« Selon les lois de la guerre, tout général qui perd sa ligne de communications mérite la mort. »

Conformément à ces principes éternellement vrais, la lamentable aventure de l'armée de Châlons et celle de l'armée de l'Est l'ont prouvé une fois de plus en 1870, l'Empereur, en 1815, ne pouvant changer sa ligne d'opérations, du moins au début de la campagne, devait, au lendemain de Ligny, se préoccuper avant tout de ne pas la perdre.

Et pour nous, c'est la pensée que les Prussiens avaient bien pu se retirer sur Namur qui le retint sur le champ de bataille de Ligny tant que la question ne fut pas élucidée, car il ne pouvait marcher sur les Anglais en laissant une telle menace sur ses derrières, pas plus qu'il ne lui était possible de se lancer sur les traces de Blücher sans s'exposer sur son flanc et sur sa ligne d'opérations aux entreprises de Wellington. Ses deux adver-

---

(1) A rapprocher de l'état moral de l'armée de 1815 « troublée par la crainte des trahisons, impressionnable, raisonneuse, instrument redoutable et fragile » (HOUSSAYE).

saires étaient bien séparés l'un de l'autre, *mais encore trop rapprochés*, et il lui fallait jouer serré.

Comment ne pas remarquer que si, au début des opérations, Napoléon ne disposait que d'une seule ligne d'opérations qu'il ne pouvait changer, et dont la conservation importait au plus haut point, cette situation devait s'améliorer peu à peu à mesure qu'il s'avancerait sur Bruxelles.

En effet, dès Mont-Saint-Jean, il aurait pu disposer de la ligne Nivelles-Binche-Maubeuge, rapprochée il est vrai de celle de Charleroi, mais déjà moins menacée par Blücher, si celui-ci s'était replié sur Namur.

A partir de Bruxelles, il eût pu avoir recours à la ligne Hal-Mons-Va'enciennes (ou Maubeuge), et aussi à la ligne Hal-Leuze-Tournay-Lille, plus éloignée des Prussiens, et par conséquent plus sûre.

Pareille considération n'a pu échapper à l'esprit de l'Empereur, et, pour nous, c'est là une des raisons pour lesquelles il désirait être à Bruxelles le plus tôt possible (1), car, une fois là, ses opérations auraient eu beaucoup plus de souplesse.

Nous répétons qu'avec sa ligne d'opérations du début, Blücher à Namur était un gros danger ; lorsqu'il prit la décision de marcher aux Anglais, il venait d'être informé que les Prussiens se massaient à Gembloux ; cette donnée positive, rapprochée

---

(1) Lettre de Napoléon au maréchal Ney, écrite le 16 entre 7 et 8 heures du matin :
« Mon intention est que, immédiatement après que j'aurai pris mon parti, vous soyez prêt à marcher sur Bruxelles...

« Je désirerais arriver à Bruxelles demain matin. Vous vous mettrez en marche ce soir même... et faire ce soir 3 ou 4 lieues, et être demain à 7 heures du matin à Bruxelles...

« Il est probable que je me déciderai ce soir à marcher sur Bruxelles avec la Garde.

« Vous sentez l'importance attachée à la prise de Bruxelles ; je désire que vos dispositions soient bien faites pour qu'au premier ordre, vos huit divisions puissent marcher rapidement et sans obstacle sur Bruxelles. »

Évidemment, l'Empereur envisageait bien l'effet moral que produirait et les ressources que lui procurerait la prise de Bruxelles ; mais cela n'était pas suffisant pour le déterminer, ce n'était que secondaire dans son esprit ; la possibilité, une fois à Bruxelles, de pouvoir manœuvrer plus librement, de n'être plus rivé à une ligne d'opérations unique, constituait pour lui un bien autre avantage dont, de toute évidence, et par réflexe, il s'est immédiatement rendu compte.

Et quand dans la lettre à Ney, il écrit encore : « Un mouvement aussi prompt et aussi brusque isolera l'armée anglaise de Mons, Ostende... », il entend en même temps que ces directions, perdues par l'armée anglaise, lui appartiendront, lui ouvrant de nouvelles communications plus à l'ouest et hors des atteintes de Blücher.

de cette considération qu'après Ligny la droite prussienne n'avait pu que faire sa retraite au nord, vers Wavre, lui apprit que Blücher ne s'était pas retiré vers Namur; la preuve en est que dans la lettre dictée presqu'au même moment pour Grouchy, il envisage la réunion éventuelle des Prussiens et des Anglais dans le but de livrer bataille pour couvrir Bruxelles; et si dans cette lettre, comme on le verra plus loin, il prescrit encore d'éclairer vers Namur ce n'est là de sa part qu'un surcroît de précautions, en raison du danger que présentait cette direction pour sa ligne d'opérations; car s'il y avait de très grandes probabilités pour qu'il n'y eût pas grand chose de ce côté, il n'y avait pas une certitude absolue.

Sans doute, de Gembloux, Blücher pouvait marcher sur Liége; mais alors il n'était plus pour la ligne d'opérations de l'armée française qu'une menace beaucoup moins directe, et Grouchy, avec ses 33.000 hommes, était d'autant plus en état de la conjurer qu'il aurait disposé de plus d'espace pour remplir le rôle d'une couverture, et qu'il aurait trouvé à Sombreffe la division Girard laissée, on le sait, sur le champ de bataille de Ligny; dans ce cas, la marche même contre les Anglais abandonnés à eux-mêmes n'aurait pas tardé à améliorer la situation, puisque l'occupation de Mont-Saint-Jean d'abord, de Bruxelles ensuite, aurait donné à l'Empereur la faculté de changer sa ligne d'opérations et d'en prendre une nouvelle échappant aux entreprises de Blücher.

De toutes façons, il était nécessaire que le détachement confié à Grouchy constituât une force solide si l'on voulait qu'il fût à même d'arriver à ses fins, qui n'étaient autres que de donner à Napoléon sa liberté pendant deux ou trois jours, et c'est à tort, suivant nous, qu'on a reproché à l'Empereur de l'avoir trop fortement composé; il avait apprécié juste quant aux Anglais, et emmené avec lui assez de monde pour les battre à fond, si les Prussiens étaient mis hors d'état d'intervenir, tandis qu'il était indispensable d'empêcher Blücher d'atteindre la ligne d'opérations de l'armée avant que le compte de Wellington fût réglé.

En attendant d'en savoir plus long, il envoya ses instructions au maréchal Ney par l'intermédiaire du major général, fit diriger vers les Quatre-Bras une reconnaissance de cavalerie pour savoir si les Anglais y étaient en forces, donna les ordres multiples que comportait le lendemain d'une affaire aussi chaude que celle de Ligny, passa les troupes en revue pour exalter leur moral, etc..., etc...

Quoi qu'on en ait dit, ce n'était pas là perdre son temps. Il est très compréhensible qu'à Grouchy lui demandant ses ordres vers 9 heures du matin, en quittant Fleurus, si l'on s'en rapporte aux dires du maréchal, il ait répondu : « Je vous les donnerai quand je le jugerai convenable. »

Mais plus tard, il reçoit de nouveaux renseignements : 1º une lettre de Ney qui lui donne à penser que Wellington est aux Quatre-Bras avec son armée; 2º un rapport de l'officier ayant commandé la reconnaissance de cavalerie sur les Quatre-Bras qui semble confirmer l'opinion de Ney; 3º un avis de Pajol annonçant qu'il a fait des prisonniers sur la route de Namur; 4º un rapport d'Exelmans faisant connaître *que l'ennemi se massait à Gembloux.*

Les deux derniers renseignements avaient été reçus par Grouchy dans la matinée, et furent communiqués par lui à Napoléon.

C'est vers 11 heures que celui-ci fut en possession de ces diverses informations : son parti fut pris immédiatement, et il donna ses ordres sans désemparer.

Il ne pouvait les donner plus tôt.

En ce qui concerne l'aile droite de l'armée, son chef, Grouchy, si l'on ajoute foi à ses déclarations, aurait reçu vers 11 heures les instructions verbales suivantes : « Mettez-vous à la poursuite des Prussiens, complétez leur défaite en les attaquant dès que vous les aurez joints et ne les perdez jamais de vue; je vais réunir au corps du maréchal Ney les troupes que j'emmène et attaquer les Anglais s'ils tiennent de ce côté de la forêt de Soigne. Vous correspondrez avec moi par une route pavée (1). »

Grouchy prétend avoir fait à l'Empereur diverses observations relatives aux difficultés de la mission dont il le chargeait, mais que l'Empereur n'en tint pas compte et lui répondit : « Monsieur le Maréchal, *poussez vers Namur,* car, suivant toutes

---

(1) *Mémoires,* vol. 4. p. 44.

les probabilités, c'est vers la Meuse que se retirent les Prussiens. C'est donc dans cette direction que vous les trouverez, et *que vous devez marcher* (1). »

Dans sa réfutation de la relation de Gourgaud, le maréchal donne une version essentiellement différente : « Ces observations furent mal accueillies; il (Napoléon) me répéta l'ordre qu'il m'avait donné, *ajoutant que c'était à moi de trouver la route prise par Blücher* (2). »

Ainsi, d'après le premier récit de Grouchy, l'Empereur lui prescrivit de prendre la direction de Namur; dans le second il le chargea du soin de découvrir la route prise par Blücher.

A notre avis, le doute n'est pas possible et c'est la deuxième version qui est l'expression de la vérité. Napoléon n'a pu prescrire à Grouchy de porter la masse de ses forces sur Namur, après avoir reçu le rapport d'Exelmans signalant que les Prussiens s'étaient massés à Gembloux. Cela est de la dernière évidence.

Grouchy produit à l'appui de sa première déclaration l'unique témoignage du général Baudrand, ce qui est peu : « Napoléon vous dit à haute et intelligible voix *de manière à être facilement entendu à 20 ou 30 pas* où nous nous trouvions : « Monsieur le Maréchal, « vous allez prendre les 3ᵉ et 4ᵉ corps d'armée, une division du « 6ᵉ, la cavalerie, etc..., et *vous entrerez ce soir dans Namur*. »

Ce témoignage, à force de vouloir être précis, devient suspect. L'ordre *d'entrer le soir même dans Namur* est tellement caractéristique qu'il n'aurait pas manqué de frapper le maréchal, qui n'aurait pas manqué davantage de le rapporter.

Napoléon, causant avec Grouchy, aurait donc éprouvé le besoin de *crier* littéralement ses ordres pour être entendu ainsi *à 30 pas de distance!*

Suivant nous, il n'a pu qu'orienter le maréchal vers Gembloux, en vertu de considérations que nous exposerons plus loin, et déjà, ce qui corrobore notre manière de voir, c'est que dans les instructions écrites qu'il lui adressa très peu de temps après lui avoir donné ses instructions verbales, il lui désigna formellement la direction de Gembloux.

---

(1) *Mémoires*, vol. 4, p. 47.
(2) *Mémoires*, vol. 5, p. 118.

Nous disons que cette direction de Gembloux s'imposait.

En effet, d'après les renseignements reçus, on savait les Prussiens en retraite partie sur Namur, partie sur Gembloux; de ce dernier point, ils pouvaient aller soit à Liége, soit à Namur, c'est-à-dire vers la Meuse, soit à Wavre, c'est-à-dire vers Bruxelles et les Anglais; après l'attaque centrale qui avait décidé du gain de la bataille du 16, il était même à présumer que leurs éléments de droite avaient dû se retirer directement sur Wavre.

L'Empereur, quoi qu'on ait soutenu le contraire, avait parfaitement admis l'hypothèse que Blücher pourrait bien s'efforcer de rejoindre Wellington, *la preuve en est que cette éventualité est nettement envisagée dans la lettre qu'il écrivit à Grouchy quelques instants après lui avoir donné ses ordres verbaux.*

Lui ayant prescrit de faire éclairer vers Namur et vers Gembloux par sa cavalerie, ayant chargé le général Monthion de faire de même vers Wavre, et il ne pouvait dans le doute où il était encore, qu'indiquer à Grouchy, pour le gros de ses forces, *un point d'où il serait en mesure d'agir dans toutes les éventualités,* c'est là une des caractéristiques de la stratégie napoléonienne. Or Gembloux seul remplissait cette condition (1).

En effet, si les Prussiens, repliés vers Namur et la Meuse, tentaient de se porter sur la ligne d'opérations de l'armée fran-

____

(1) Les vues de Napoléon sur Gembloux s'affirment dès le 16 au matin, avant la bataille. Entre 7 et 8 heures du matin, croyant d'après les indices recueillis et les événements du 15, que les deux armées ennemies se replient sur leurs bases d'opérations, il pense à marcher sur Bruxelles, et écrit à Grouchy :

« *Si l'ennemi est à Sombreffe, je veux l'attaquer. Je veux aussi l'attaquer s'il se trouve à Gembloux et m'emparer de cette position ayant l'intention, après avoir reconnu ces deux positions, de partir cette nuit et d'opérer avec mon aile gauche commandée par le maréchal Ney.* »

L'Empereur veut donc, avant de marcher au nord, écarter, par un coup vigoureux, les deux branches de la tenaille dans laquelle il lui faut s'engager pour opérer sur la ligne intérieure, car elles le menaceront d'autant moins qu'elles seront moins rapprochées l'une de l'autre. En tout cas, ce sera là une reconnaissance offensive, appuyée au besoin par le gros de l'armée, qui est à portée, dans le cas où les Prussiens cesseraient de se retirer. Cela rappelle l'aphorisme de Bugeaud : « On reconnaît une armée entière avec une armée entière. »

Mais, de toutes façons, il lui faudra conserver contre la branche de cette tenaille que forment les Prussiens, un porte-respect (Grouchy) suffisant pour les tenir éloignés et les empêcher de s'établir sur sa ligne d'opérations *tant qu'il ne pourra la changer.* Ce porte-respect, il s'agit, dès le 16 au matin, de le placer à un point tel qu'il puisse être en mesure d'agir dans tous les cas, que les Prussiens aillent vers Namur ou vers Liége, ou bien même sur Wavre. L'examen de la carte montre que ce point ne pouvait être que Gembloux.

çaise pendant qu'elle marcherait vers les Anglais, à Gembloux et environs, Grouchy serait en mesure de les retarder et de les arrêter plus ou moins longtemps.

Si au contraire les Prussiens voulaient gagner Wavre pour se réunir aux Anglais en avant de Bruxelles, de Gembloux, Grouchy serait à même de se porter vers la Dyle, de franchir cette rivière à Mousty et à Ottignies, et de s'opposer à leur mouvement.

Les critiques qui raisonnent d'après les événements du 18 juin, c'est-à-dire contre tout esprit d'équité, ont trouvé que Gembloux était une direction fausse (1) tandis que, dans la situation où se trouvait Napoléon dans la matinée du 17, en face des inconnues du problème à résoudre, c'était la seule à prendre, la seule qui s'imposât.

Ces mêmes critiques, instruits par les événements, ont prétendu que Napoléon aurait dû, le 17, au moment où il se porta vers les Anglais, acheminer Grouchy sur sa droite, à peu de distance de lui, et vers la Dyle, comme une sorte de flanc-garde, pour s'immuniser contre les Prussiens. Ils n'ont fait d'ailleurs que s'approprier une thèse que Grouchy s'était déjà chargé de présenter après coup, et n'ont pas le mérite de l'invention.

Mais ils ne prennent pas garde au doute où se trouvait l'Empereur relativement à la véritable direction de la retraite de Blücher et à ses intentions ultérieures, et ne se demandent même pas quelles eussent été les conséquences du plan qu'ils proposent, si le vieux feld-maréchal s'était effectivement retiré sur la Meuse, vers Namur ou Liége; ils éprouvent visiblement un certain plaisir, armés de nombreux documents, à faire la leçon au dieu de la guerre! C'est là un jeu à la portée de tout le monde, mais ce n'est pas chose sérieuse; et Jomini a fait justice, non sans ironie, de cette tendance trop répandue en écrivant : « On est

---

(1) On a écrit qu'en poussant Grouchy sur Gembloux, l'Empereur le dirigeait sur « une fausse piste ». Eh bien! non. Napoléon ne dirigeait le maréchal sur aucune piste, puisqu'il l'avait chargé de trouver la route qu'avaient prise les Prussiens, en éclairant les différentes directions qu'ils avaient pu suivre après Ligny. En envoyant l'aile droite à Gembloux, l'Empereur la portait tout simplement sur le seul point où elle fût à même de prendre la bonne piste dès que la cavalerie l'aurait trouvée, quelle que fût cette piste.

C'était là une position d'attente et rien autre, jusqu'à ce que le mystère fût éclairé.

souvent injuste en qualifiant de fautes graves des mesures ou des ordres prescrits d'après de faux renseignements, qui amènent de fausses suppositions.

« Les militaires les plus éclairés se laissent souvent aller à cette manie. Pour moi qui ai beaucoup étudié la guerre spéculative, et qui ne manque pas d'habitude de la guerre pratique, je crois qu'il faut juger de la capacité d'un général, non d'après la tournure des événements, mais sur la nature des mesures qu'il a prises pour arriver à ce qu'il se proposait, d'après ce qu'il savait des mouvements de l'ennemi (1). »

Nous avons exprimé la même idée dans une de nos études consacrée à Sedan en 1904 : « A notre sens, et nous en avons fait souvent la remarque dans nos travaux antérieurs, on fausse le plus souvent les situations initiales, et dès lors, partant d'une base fausse, on ne peut aboutir à la vérité.

« Commencer par relever dans le détail la situation des deux armées en présence, d'après les documents publiés, d'après les événements, et tabler, dans le calme du cabinet, sur la connaissance exacte des ordres reçus, des rapports établis, des mouvements exécutés par l'ennemi, pour juger des déterminations qu'ont eu à prendre les chefs militaires au cours des événements, sur la foi de renseignements souvent faux, incomplets, contradictoires, quelquefois même en l'absence de toute donnée positive, c'est, à notre avis, traiter le problème à un point de vue absolument faux.

« On a pour soi des certitudes, alors que le commandement, en guerre, n'a que des probabilités, et encore pas toujours.

Si donc on veut équitablement juger une détermination prise par un chef militaire, il faut non pas dire : « L'ennemi faisait tels mouvements, occupait tels points, avait reçu tels ordres », mais bien : « Quels étaient les renseignements parvenus au commandement? Comment pouvait-il apprécier la situation d'après les événements des journées précédentes? »

Et nous dirons avec le colonel Lecomte : « Il y a une grande différence entre la stratégie du cabinet et celle du bivouac. »

C'est certain, et c'est pourquoi lorsque Napoléon donnait ses

______

(1) Jomini, correspondance avec le maréchal de Grouchy.

ordres dans la matinée du 17 juin 1815, il avait à se préoccuper, pour les Prussiens seuls, de trois directions, toutes dangereuses pour ses opérations, tandis que ses critiques pour qui l'avenir est devenu le passé, n'en retiennent qu'une seule, celle de Chapelle-Saint-Lambert ; ils discutent sur le problème résolu, tandis que l'Empereur avait **à résoudre le problème! Ce n'est** pas là raisonner militairement.

Nous le répétons, dans la situation où il se trouvait, Napoléon ne pouvait envoyer le gros de son aile droite qu'à Gembloux, et nous prouverons plus loin qu'avec une intelligence militaire plus élevée, de la décision et de l'activité, Grouchy acheminé le 17 vers midi, sur Gembloux, eût été à même, le 18, de retarder suffisamment Blücher pour qu'il n'intervînt pas à Waterloo.

Mais, au demeurant, ces instructions verbales, tant controversées, n'ont qu'une importance bien secondaire, puisque très peu de temps après les avoir reçues, Grouchy fut saisi des ordres écrits de l'Empereur.

Ordre de l'Empereur

Ligny, 17 juin 1815.

Rendez-vous à Gembloux avec les corps de cavalerie du général Pajol, la cavalerie légère du 4e corps, le corps de cavalerie du général Exelmans, la division du général Teste, dont vous aurez un soin particulier, étant détachée de son corps d'armée, et le 3e et 4e corps d'infanterie. Vous vous ferez éclairer sur la direction de Namur et de Maestricht, et vous poursuivrez l'ennemi; éclairez sa marche et instruisez-moi de ses mouvements de manière *que je puisse pénétrer ce qu'il veut faire* (1).

Je porte mon quartier général aux Quatre-Chemins, où ce matin étaient encore les Anglais. Notre communication sera donc directe par la route pavée de Namur. Si l'ennemi a évacué Namur, écrivez au général commandant la 2e division militaire à Charlemont de faire occuper Namur par quelques bataillons de garde nationale et quelques batteries de canons qu'il formera à Charlemont. Il donnera ce commandement à un maréchal de camp.

Il est important de pénétrer ce que veulent faire Blücher et Wellington, et s'ils se proposent de réunir leurs armées pour couvrir Bruxelles et Liége, en tentant le sort d'une bataille (1).

-----

(1) C'est nous qui soulignons.

Dans tous les cas, tenez constamment vos deux corps d'infanterie réunis dans une lieue de terrain, ayant plusieurs débouchés de retraite; placez des détachements de cavalerie intermédiaires pour communiquer avec le quartier général.

> *Dicté par l'Empereur; en l'absence du Major général,*
> Le grand-maréchal BERTRAND.

Cet ordre a une telle importance, il va peser d'un tel poids dans le débat, qu'il faut s'y arrêter.

Observons d'abord que jusqu'en 1843 Grouchy affirma formellement, à diverses reprises, n'avoir reçu d'autres ordres que ceux donnés *verbalement* par l'Empereur.

« Telles sont pour moi, écrivait-il (en parlant de ces ordres verbaux), les seules dispositions qui m'aient été communiquées, les seuls ordres que j'ai reçus. » Il dit encore : « Si je ne publie pas les ordres que j'ai reçus, c'est qu'ils ne me furent transmis que verbalement. »

En 1842, une brochure où figurait la lettre de l'Empereur vint lui rafraîchir la mémoire, et il se décida enfin à publier cette lettre dans une nouvelle relation. Mais, dans la reproduction qu'il en donne, il ajoute l'indication (Ligny, le 17 juin 1815) *vers 3 heures.*

Mais jamais, au grand jamais, un ordre n'a porté pareille mention. Les ordres portent : « Telle localité, telle date, *telle heure* »; il arrive aussi qu'on a omis d'indiquer l'heure d'expédition; mais jamais, sur aucun ordre, on n'a relevé le mot *vers* précédant l'indication de l'heure, car il ne s'expliquerait que si l'expéditeur, voulant écrire l'heure du départ de l'ordre, et n'ayant pas de montre, avait été réduit à des supputations.

L'expression « vers telle heure » se trouve dans une relation, dans un rapport, jamais dans un ordre.

Il ne faut guère s'étonner que la lettre écrite par Bertrand, sous la dictée de Napoléon, ne porte pas la mention de l'heure, car une première lettre écrite dans les mêmes conditions, quelques instants avant, pour prescrire à Grouchy de diriger sur Marbais la cavalerie de Domon et les cuirassiers de Milhaud, ne mentionne pas davantage l'heure d'expédition.

D'une façon générale, les affirmations de Grouchy, acceptées volontiers par les écrivains hostiles à Napoléon, sont à vérifier une à une en raison des inexactitudes dont elles fourmillent. Certaines sont involontaires, mais beaucoup, malheureusement pour lui, sont voulues, et n'ont d'autre but que de dégager sa responsabilité.

Dans le cas qui nous occupe, le maréchal a été bien peu avisé, car il n'a pas réfléchi que l'Empereur, ayant quitté le champ de bataille de Ligny, vers midi, pour se porter aux Quatre-Bras, n'a pu lui écrire vers 3 heures de ce champ de bataille; que si la lettre avait été dictée vers 3 heures, elle serait datée des Quatre-Bras et non de Ligny, car Napoléon fut vers une heure à Marbais, et c'est à une lieue au delà de cette localité qu'il prit ses dispositions pour attaquer les Quatre-Bras, où les Anglais ne tinrent pas; vers 3 heures, il s'entretenait avec Ney aux Quatre-Bras.

La preuve est donc faite, sans contestation possible, que les instructions écrites destinées à Grouchy furent dictées par l'Empereur avant de quitter le champ de bataille de Ligny, c'est-à-dire vers 11ʰ 30, et qu'elles ont suivi de *très près* les ordres verbaux donnés au maréchal.

Ce qui le prouve aussi, c'est cette considération que Napoléon dicta à Bertrand en l'absence de Soult resté à Fleurus pour achever d'expédier les ordres; or, Soult rejoignit l'Empereur à Ligny un peu avant midi, car la lettre que Napoléon lui dicta pour Ney aussitôt qu'il fut arrivé porte : « En avant de Ligny, 17 juin, midi. »

Et le colonel Baudus rapporte qu'au moment où le major général auquel il était attaché arriva à Ligny, il vit les colonnes de Grouchy en marche (c'était Vandamme, se dirigeant vers le Point-du-Jour).

Or, entre le moment où l'Empereur donna à Grouchy ses ordres verbaux, et celui où il dicta au général Bertrand les instructions destinées au maréchal, il n'arriva au grand quartier général aucun nouveau renseignement *de nature à les différencier*. Si donc Gembloux figure dans les ordres écrits comme direction à suivre, il faut bien admettre qu'il fut également indiqué dans les ordres verbaux.

Cette considération vient confirmer les raisons que nous avons déjà développées.

Et quand les partisans de Grouchy se font une arme des premiers mots de la lettre impériale : « Rendez-vous à Gembloux », et y voient la preuve que la première direction assignée n'était pas Gembloux, mais Namur, ils se contentent vraiment de peu; en réalité, il n'y avait là qu'une confirmation pure et simple d'ordres verbaux donnés quelques instants auparavant; ne voyons-nous pas, dans cette même campagne, l'Empereur expédier à plusieurs reprises des ordres qui n'étaient que la confirmation de ceux déjà envoyés par le major général? On aurait même peine à comprendre qu'après avoir orienté verbalement le commandant de son aile droite, il n'eût pas pris le soin, dans une circonstance aussi grave, et avant de s'éloigner de lui, de préciser par écrit ce qu'il lui demandait. S'il ne l'eût pas fait, on n'eût pas manqué de le lui reprocher et la lettre dictée à Bertrand, loin d'être une modification des instructions verbales, n'en était que la confirmation.

Mais, de toutes façons, ce qui est acquis, c'est que Grouchy, après avoir commencé, pendant plus de vingt ans, par escamoter la lettre de Napoléon, a éprouvé le besoin, lorsqu'il fut forcé d'en faire état, de l'altérer par une addition des plus répréhensibles qui suffit à prouver son manque de bonne foi.

Évidemment, ayant à se défendre contre des critiques souvent passionnées, il a cherché à dégager sa responsabilité en prétendant que Napoléon l'ayant dirigé d'abord sur Namur, ses deuxièmes instructions, expédiées seulement vers 3 heures, n'avaient pu que lui arriver assez avant dans la soirée.

Le capitaine d'état-major de Grouchy qui, en 1874, a publié les mémoires du maréchal, s'est évidemment rendu compte des contradictions et des erreurs contenues dans les écrits de son grand-père, car, après avoir reproduit (1) la lettre de l'Empereur, avec la mention erronée « vers 3 heures » il ajoute : « Reçu sur la route de Namur où Napoléon avait enjoint au maréchal de se rendre, au moment où il le quitta sur le champ de bataille de Ligny, pour se porter aux Quatre-Bras. »

Le capitaine de Grouchy, en cherchant à concilier les dires contradictoires du maréchal, n'a pas été plus avisé que le ma-

______

(1) *Mémoires*, vol. 4, p. 50.

réchal lui-même, car il n'a pas réfléchi davantage que si l'Empereur, ainsi qu'il le dit, quitta Ligny pour se porter aux Quatre-Bras après avoir donné ses ordres verbaux à Grouchy, c'est-à-dire vers 11ʰ 30, il n'a pu écrire vers 3 heures de ce même village de Ligny ! Le maréchal, lui aussi, a dû avoir conscience de l'incohérence de ses déclarations, et se rendre compte que la lettre impériale, écrite seulement vers 3 heures, n'aurait pu lui parvenir que sur la route de Namur, sa première destination à laquelle, suivant lui, elle substituait Gembloux.

Mais il a sans doute pris garde qu'il était de notoriété que le 3ᵉ corps (Vandamme), marchant en tête de l'unique colonne formée en exécution de ses ordres, et arrivé au Point-du-Jour, intersection des routes de Gembloux et de Namur, n'avait jamais pris cette dernière direction, et que lui-même, ainsi qu'il l'a écrit (1), avait pris les devants de la colonne pour se porter *droit* sur Gembloux.

Alors, il explique (2) qu'en arrivant au Point-du-Jour il fut informé « que les colonnes prussiennes qui avaient pris d'abord la route de Namur l'avaient quittée pour suivre le chemin parallèle qui conduit à Gembloux, et qu'il n'y avait que des parcs d'artillerie qui eussent filé de ce côté; qu'il en inféra que le maréchal Blücher se retirait sur Bruxelles ou Louvain, et qu'il fit marcher toute son infanterie sur Gembloux ».

L'explication peut être ingénieuse, mais elle est inadmissible puisque nous savons que les ordres écrits de l'Empereur, assignant Gembloux comme direction à suivre, ont été dictés vers 11ʰ 30 et remis par conséquent à Grouchy (qui les a passés sous silence aussi longtemps qu'il a pu) bien avant qu'il eût pu être au Point-du-Jour, car, on lit dans ses mémoires (3), qu'après avoir quitté l'Empereur, « il resta deux heures sur le terrain, pour activer, par sa présence, la prise d'armes des divisions du 4ᵉ corps ».

S'il a su dans l'après-midi du 17 que les colonnes prussiennes qui avaient d'abord marché sur Namur s'étaient détournées

---

(1) *Mémoires*, vol. 5, p. 119 et 279.

(2) *Mémoires*, vol. 5, p. 118 et 119.

(3) Vol. 4, p. 47.

vers Gembloux, il faut avouer qu'il était bien inconsidéré et bien coupable, en écrivant le même soir, à 10 heures, à l'Empereur : « Une colonne prussienne, avec de l'artillerie, a pris, en quittant le champ de bataille de Fleurus, la route de Namur (1). » En réalité, il avait appris par un rapport de Pajol, dans la soirée, que les Prussiens avaient abandonné la direction de Namur; voilà comment il renseignait l'Empereur!!

Mais ce qui confirme toutes nos déductions, c'est la déclaration formelle du général Gérard, commandant le 4e corps : « Le 4e corps reçut *vers 12h 30*, le 17, l'ordre de se mettre en mouvement sur Gembloux, en suivant les troupes du 3e (2). »

Pour donner à 12h 30 pareil ordre au 4e corps, il fallait bien que Grouchy sut, à cette heure-là, qu'il ne s'agissait pas de marcher sur Namur; qu'il l'ait appris dès les ordres verbaux de l'Empereur, ou seulement par ses instructions écrites, cela importe peu, car, de toutes façons, l'explication imaginée par lui pour concilier ses contradictions s'effondre misérablement.

Ce qui demeure acquis, c'est qu'avant de donner ses ordres aux troupes placées sous son commandement, il avait reçu la lettre de l'Empereur qui devait fixer sa ligne de conduite.

Comment la comprit-il? Quelles mesures d'exécution prescrivit-il? En lisant les instructions écrites par Bertrand sous la dictée de l'Empereur, on se rend compte, pour se servir d'une expression courante, qu'elles contiennent, quoi qu'on en ait dit, des directives *fort nettes :*

Vous ferez éclairer dans la direction de Namur et de Maestricht.

Vous poursuivrez l'ennemi ; éclairez sa marche et instruisez-moi de ses mouvements afin que je puisse pénétrer ce qu'il veut faire.

Je porte mon quartier général aux Quatre-Chemins où ce matin étaient encore les Anglais. Il est important de pénétrer ce que

---

(1) *Mémoires,* vol. 4, p. 58.

(2) On a fait remarquer avec raison que c'était une singulière idée d'acheminer en queue le 4e corps alors qu'il était plus rapproché que le 3e, du Point-du-Jour; Grouchy avait-il voulu conserver dans la marche l'ordre de bataille? Cela ne serait pas pour étonner de sa part! C'est sans doute pour légitimer plus tard cette singulière disposition qu'il a inventé la mauvaise volonté et les soi-disant retards de Gérard à se mettre en route!

veulent faire Blücher et Wellington, et s'ils se proposent de réunir leurs armées pour couvrir Bruxelles et Liége en tentant le sort d'une bataille. »

Faisons-le encore remarquer, en face d'un texte aussi catégorique, que reste-t-il de l'affirmation formulée par tant d'écrivains militaires, que Napoléon n'a jamais envisagé un seul instant cette réunion des deux armées alliées pour lui livrer bataille en avant de Bruxelles, qu'il a pris ses désirs pour des réalités, et considéré les Prussiens, après Ligny, comme hors de cause pour plusieurs jours !

Ils l'eussent été si Grouchy eût compris sa mission, et le seul fait que l'Empereur détachait, sous les ordres de ce maréchal, plus du quart de ses forces contre Blücher, prouve d'une manière péremptoire qu'il ne se nourrissait pas des illusions qu'on lui reproche bien à tort.

Non seulement cette redoutable éventualité, la réunion possible des Prussiens et des Anglais, est envisagée par Napoléon dès le 17, vers 11 heures du matin, mais elle apparaît comme la *seule directive* qu'il assigne aux opérations de Grouchy.

Certes, il y avait là de quoi inciter dans le sens de l'activité le commandant de l'aile droite, s'il eût été capable de comprendre !

Le plus pressé, d'après les termes de la lettre de l'Empereur, était incontestablement de savoir si « Blücher et Wellington se proposaient de réunir leurs armées pour couvrir Bruxelles et Liége (1), en tentant le sort d'une bataille ».

Il fallait donc se mettre avant tout en mesure de le savoir, et, *comme conséquence, de s'y opposer*, car nous ne pensons pas qu'il ait pu venir à l'idée de Grouchy que l'Empereur lui avait confié plus du quart de l'effectif de son armée dans un autre but que de le mettre en état de s'opposer, pendant un temps déterminé, à la jonction des deux armées ennemies qu'il envisageait si nettement dans sa lettre.

Certaine expression de Napoléon a dû certainement contribuer à troubler le faible entendement de Grouchy; l'Empereur exprimait laconiquement sa pensée en parlant de « couvrir

---

(1) Dans certains textes, on lit simplement « pour couvrir Bruxelles ».

Bruxelles et Liége »; il lui eût suffi, pour la préciser, de dire : Bruxelles, et par conséquent Liége.

En effet, si les coalisés parvenaient à se réunir pour couvrir *directement* Bruxelles, par cela même, ils couvraient *indirectement* Liége, en attirant toutes nos forces sur Bruxelles. Malgré tout, la pensée de Napoléon était claire. Mais Grouchy ne la saisit certainement pas, son cerveau n'était pas apte, la suite ne l'a que trop prouvé, à saisir des nuances stratégiques de cette nature, et la direction de Liége prit, dans son esprit, la même importance que celle de Bruxelles.

Si sa mentalité militaire eût été autre, avant de mettre son monde en route, il eût médité quelques instants la lettre impériale (1), et il eût vite compris que son premier soin devait être de faire éclairer les diverses directions indiquées par Napoléon, et surtout celles menant aux transversales allant de la région de Wavre vers la route de Nivelle à Bruxelles, jusqu'à la rencontre de ces transversales; il eût compris qu'il lui fallait porter son gros dans la région de Gembloux, fortement au nord de cette localité, afin d'être le lendemain matin en mesure, soit de paraître de bonne heure devant Wavre en marchant par La Baraque, soit de marcher vers l'Empereur par Mousty et Ottignies, soit de s'interposer vers Chapelle-Saint-Lambert, entre Wavre et la forêt de Soigne.

De plus, si les Prussiens débouchaient de Namur ou de Liége, menaçant les derrières de l'Empereur, placé comme nous venons de le dire, il était en situation pour les arrêter, en agissant dans leur flanc droit par Sombreffe et Marbais dans le premier cas, en leur barrant la route dans le second cas.

De toutes façons la direction de Mousty était à faire éclairer très fortement et à faire tenir dans la nuit même par des partis de cavalerie qui auraient toujours pu, le 18, si c'eût été nécessaire, se porter sur Wavre par la rive gauche de la Dyle.

Enfin, il était indiqué de laisser à Gembloux un détachement d'arrière-garde.

Telles sont les réflexions qu'auraient provoquées dans l'esprit

---

(1) « Il faut d'abord bien se pénétrer de la teneur d'un ordre *tout entier,* et réfléchir sur la meilleure combinaison des moyens à prendre, avant de se précipiter dans l'exécution des premiers termes de cet ordre. » (Maréchal Bugeaud.)

d'un chef digne de ce nom les recommandations contenues dans la lettre de Napoléon, bien qu'elles ne soient pas venues un seul instant à l'idée de Grouchy !

Elles l'auraient amené à donner vers 12ʰ 30, au plus tard, des ordres prescrivant :

A Pajol, de faire éclairer dans les directions de Namur et de Perwez-Liége.

A Exelmans, dans celles de Mont-Saint-Guibert, Moustier, Chapelle-Saint-Lambert.

A la cavalerie légère du 4ᵉ corps dans celle de Wavre par La Baraque et Dion-le-Mont, ces divers corps de cavalerie devant marcher jusqu'à ce qu'ils eussent rencontré l'ennemi et ne pas perdre le contact, le corps d'Exelmans devant tout au moins tenir pendant la nuit les passages de Mousty et d'Ottignies.

Au 3ᵉ corps de se porter directement sur Gembloux et Sart-à-Walhain.

Au 4ᵉ, de gagner la croisée de chemins à trois quarts de lieue au nord de Sombreffe, puis de tourner à droite pour gagner Walhain par la route parallèle à celle suivie par le 3ᵉ corps (distance moyenne entre les deux itinéraires : une demi-lieue).

Le quartier général du maréchal à Sart-à-Walhain, avec le 3ᵉ corps.

On pourrait objecter que Grouchy avait ordre de se rendre à Gembloux ; mais ce serait interpréter bien étroitement un ordre adressé à un maréchal de France opérant à la tête d'un corps détaché ! Gembloux est une première destination, voilà tout, *la suite de l'opération restant subordonnée aux renseignements à recueillir.*

La preuve en est que Grouchy lui-même n'y a pas attaché tant d'importance, puisque le 3ᵉ corps a dépassé Gembloux d'une lieue ; par Gembloux, il faut entendre la région autour de Gembloux, les environs de Gembloux.

D'ailleurs l'Empereur, après avoir prescrit de faire éclairer, ajoutait : « Vous poursuivrez l'ennemi. » Celui-ci n'étant pas dans Gembloux, ou n'y étant plus, il était évident qu'en s'y arrêtant, on ne le poursuivait pas, et on laissait les Prussiens augmenter leur avance. De toutes façons, lors de son arrivée à Gembloux, le commandant de l'aile droite savait positivement que ceux-ci avaient abandonné la direction de Namur; dès lors, il devait en bonne logique se porter plus au nord, pour être en mesure d'agir rapidement soit vers Wavre, soit vers Liège.

C'eût été bien le cas pour l'Empereur d'écrire à Grouchy, comme il l'avait fait à Masséna, en 1809 : « Activité, activité, vitesse ! »

Grouchy prétend, dans ses *Mémoires*, avoir demandé à l'Empereur, le 17 juin, lorsqu'il reçut ses ordres, de le laisser prendre la direction de Wavre, en marchant sur son flanc droit. Certes, si on admet la chose, on peut affirmer que ce n'était pas de sa part un acte de prescience, mais bien une manifestation du trouble qu'il éprouvait déjà à la pensée d'être livré à lui-même !

Mais son affirmation devient bien suspecte quand on le voit, quelques instants après, se désintéresser entièrement de l'indication essentielle de la lettre de l'Empereur, dont l'interprétation logique était d'attirer son attention vers Wavre et la Dyle ! Quoi qu'il en ait été, il est constant qu'il fut très long à mettre ses troupes en mouvement pour quitter le champ de bataille de Ligny; il le reconnaît lui-même (1).

Pour expliquer ces lenteurs, il se plaint amèrement de Vandamme, de Gérard, qui prétend-il, ne lui obéissaient pas (2)! Bazaine, lui aussi, donnera plus tard cette misérable excuse; il accusera Frossard, Ladmirault, de désobéissance !

On lit dans les *Mémoires* de Grouchy que « le 17 juin, au moment de la mise en marche de ses corps du champ de bataille de Ligny, voyant que le 4e corps semblait peu empressé à exécuter un mouvement que lui, Grouchy, considérait comme étant de la première importance, il resta deux heures sur le terrain afin d'accélérer, par sa présence, la prise d'armes des divisions du 4e corps et qu'il n'obtint rien (3) ».

Est-ce croyable? En tout cas, ce serait là sa condamnation, car un chef incapable de se faire obéir n'est pas un chef !

---

(1) *Mémoires*, vol. 5, p. 300.

(2) *Mémoires*, vol. 5, p. 113, 119, 133, 279, 301.

(3) *Mémoires*, vol. 4, p. 47.

Les armes étaient démontées, les chevaux dessellés, allègue-t-il! Belles raisons, en vérité! En moins d'un quart d'heure les armes pouvaient être remontées et les chevaux sellés. D'ailleurs, les divers corps ne devant s'ébranler que successivement, il suffisait d'accélérer les opérations de ceux qui devaient prendre la tête!

La vérité est qu'il a commis la faute qu'il devait renouveler le lendemain, d'acheminer ses deux corps sur la même route, alors qu'il était très facile de faire autrement, il le reconnaît lui-même (1), car il avait deux chemins pour se rendre à Gembloux.

Gérard a donc dû attendre des heures que le corps de Vandamme se fût écoulé. Sa division de tête talonna constamment la queue du 3e corps (2).

Le maréchal écrit également : « Croyant m'apercevoir qu'il était pénible aux généraux Vandamme et Gérard de servir sous mes ordres, je mettais une recherche particulière à leur laisser toute la latitude possible, et à leur montrer une déférence que légitimaient leurs talents et leur expérience (3). »

Pouvait-il mieux avouer le sentiment qu'il avait de son insuffisance? En fait, il ne commandait pas, il négociait, ce qui est l'éternelle histoire des incapables!

Il n'est que trop vrai, comme le lui a justement reproché Napoléon, qu'il a perdu un temps précieux, en ne mettant ses troupes en marche que tardivement, faute d'un ordre de marche bien conçu, en s'arrêtant à Gembloux, le 17 au soir, et qu'il aggrava ses fautes déjà si lourdes, en rompant tardivement de Gembloux le 18 au matin, comme on le verra tout à l'heure.

Sa conduite est d'autant plus répréhensible qu'il prétend avoir fait observer à l'Empereur que les Prussiens ayant seize heures d'avance il lui serait bien difficile de les rejoindre.

C'était loin d'être exact (voir le rapport d'Exelmans), car au moment où il recevait les ordres de Napoléon, les Prussiens

---

(1) *Mémoires,* vol. 5, p. 301 et 302.
(2) Lettre de Gérard à Grouchy. *Mémoires,* vol 5, p. 256.
(3) *Mémoires.* vol. 5, p. 303.

étaient encore aux abords de Gembloux qu'ils n'ont quitté qu'à
2ʰ 30 (1); en tout cas, c'était là une bonne raison pour se presser
de rattraper le temps perdu... et l'ennemi.

Et quand le maréchal, pour s'excuser d'avoir parcouru si peu
de chemin, prétend que l'orage l'obligea à s'arrêter, nous sommes
bien obligés de dire encore que l'excuse est sans valeur, car
cet orage n'a pas empêché les Prussiens de continuer leur retraite; il n'a pas empêché davantage Napoléon de précipiter,
à la tête de sa cavalerie et des batteries à cheval, et sous la
rafale, la retraite des Anglais, et de faire parcourir aux réserves
qu'il avait amenées avec lui devant Mont-Saint-Jean une distance double de celle du champ de bataille de Ligny à Gembloux.

Bazaine, lui aussi, le 26 août 1870, prendra prétexte d'un
orage pour immobiliser son armée pleine d'ardeur, réunie et ne
demandant qu'à attaquer! Quand on ne veut rien faire, pour
une raison ou pour une autre, tout prétexte est bon pour s'arrêter.

Bazaine, lui, était dans la ferme intention de rester dans
l'inaction, parce qu'il s'était rendu compte de son incapacité.
Grouchy, effrayé d'être livré à lui-même, n'étant pas fait pour
l'indépendance et les responsabilités, n'osait s'aventurer, gar-
dant un œil inquiet dans la direction de Liége qui n'était que
subsidiaire dans les instructions de l'Empereur, et ne se sou-
ciait pas de dépasser vers le nord la route menant à cette
ville.

Là est en grande partie le secret de sa conduite, de ses lenteurs, de son arrêt à Gembloux.

Tant il est vrai que le choix de ceux chargés du haut commandement engage au plus haut point la responsabilité des
gouvernements, et que la moindre erreur commise en cette
matière peut, à un moment donné, compromettre les destinées
d'une nation.

____

(1) Le contact avait été parfaitement retrouvé par Exelmans; l'arrêt intempestif
de Grouchy à Gembloux, après ses lenteurs, le fit perdre rapidement, d'autant plus
qu'il arrêta sa cavalerie à 2 lieues de Gembloux (ordres à Pajol, à la cavalerie
du 4ᵉ corps et à Exelmans) et s'imagina sans raison que les Prussiens se repliaient
sur Perwez.

LA JOURNÉE DU 18 JUIN

Si nous en croyons le maréchal Grouchy, il était à cheval, le 18 juin, avant que le jour parût, c'est-à-dire avant 3ʰ 30 du matin (1), avec son état-major, et au moment où le soleil commença à poindre à l'horizon, c'est-à-dire à 4 heures, il était déjà à une lieue en avant de Gembloux (2).

On trouve dans ses *Mémoires* (3) les ordres qu'il prétend avoir donnés le 17 juin, à 10 heures du soir, prescrivant à Vandamme (3ᵉ corps) de se mettre en route avant 4 heures du matin (4) et de se porter sur Sart-à-Walhain, au général Gérard (4ᵉ corps), de se mettre en marche à 8 heures et de suivre le corps de Vandamme.

On remarquera qu'il insiste souvent sur le fait que certains documents, produits par lui, figurent au livre du major général, qu'on avait cru perdu, et qui ne fut retrouvé qu'après de longues recherches.

Dans le cas qui nous occupe, les choses sont laissées dans un vague regrettable : les ordres du 17 au soir sont-ils reproduits d'après le registre du chef d'état-major du maréchal ou d'après les originaux ? Sont-ils donnés de mémoire ?

Rien ne nous l'apprend ; or, l'usage que nous avons vu Grouchy faire de certain document, soit en le célant, soit en le complétant par une addition tendancieuse, nous autorise à suspecter

---

(1) Le lever du soleil, le 18 juin, a lieu à 3ʰ 58.

(2) *Mémoires,* vol. 4, p. 130 et 142, vol. 5, p. 120, 280, 289.

(3) Vol. 4, p. 55 et 56.

(4) Certains auteurs citent les ordres de Grouchy avec l'indication de « 6 heures du matin » pour le départ de Vandamme. Dans ses *Mémoires,* l'ordre porte positivement : « Avant 4 heures du matin. »

On verra plus loin que si ces ordres ont été libellés, ils n'ont certainement pas été transmis, et il importe peu qu'ils indiquent 4 heures ou 6 heures du matin, puisque Vandamme, tête de colonne, n'était pas plus en route à 6 heures qu'à 4 heures.

D'ailleurs, dans son rapport à l'Empereur (*Mémoires,* p. 317 et suivantes, vol. 4), Grouchy écrit positivement, en altérant la vérité, comme on le verra : « J'avais donné ordre au général Vandamme de se mettre en mouvement le 18 de très bonne heure... je lui fis réitérer cet ordre par un de mes officiers et il l'a exécuté ponctuellement. »

sa bonne foi et sa véracité quand ses intérêts sont en jeu. Il est vrai qu'il invoque le témoignage de son chef d'état-major, le général Le Sénécal, qui toutefois fixe 6 heures et non 8 heures pour le départ du corps de Gérard, et celui de son officier d'ordonnance, M. Leguest, officier de hussards (1).

Sans récuser d'une façon absolue les déclarations de ces deux officiers, il est certain que leur position près de Grouchy, leur désir évident de disculper leur ancien chef engagé dans des polémiques violentes, le fait qu'ils ont été jusqu'à un certain point, le général Le Sénécal surtout, associés à ses actes, autorisent les doutes.

N'a-t-on pas vu le maréchal Bazaine trouver des défenseurs parmi les officiers qui avaient été attachés à sa personne à Metz, entre autres les capitaines Gudin et de Mornay-Soult qui ont fait, dans l'intérêt de l'ex-commandant en chef de l'armée du Rhin, au procès de Trianon, des dépositions manifestement contraires à la vérité, même à toute vraisemblance?

Mais les affirmations de Grouchy et de ses officiers sont formellement contredites par le maréchal Gérard, par les généraux Vandamme, Exelmans, Berthezène, enfin par la lettre si explicite écrite à Gérard, le 14 décembre 1819, quatre ans après les événements, par l'intendant militaire Denniée; nous en extrayons les passages suivants, en raison de leur gravité :

« Et vous, et tous ceux de votre corps d'armée, et particulièrement ceux de votre état-major, ne sont-ils pas là pour attester avec quelle impatience vous attendiez, *le matin du 18*, chez le potier où vous avez logé, que le maréchal Grouchy *vous envoyât l'ordre du mouvement ;* et ne se souvient-il plus que je me rendis chez lui *entre 7 et 8 heures du matin ;* car, dans votre mécontentement, vous me disiez : « Je ne puis provoquer les ordres du « maréchal; je ne le veux pas. *Mais nous perdons un temps pré-* « *cieux ;* vous qui le connaissez, qui êtes inspecteur aux revues, « allez-y pour le voir et tâcher de savoir ce qu'il va faire. » J'arrivai donc chez le maréchal; je vois encore une grande table assez élevée, sur laquelle la carte était déployée; là, le maréchal Grouchy me fit l'honneur de me faire voir la direction que l'Empe-

____

(1) *Mémoires,* p. 130 et 142, vol. 4.

reur avait prise, et celles que les troupes sous son commandement, à lui, maréchal, prenaient.

« Au moment où je quittai le maréchal, ses chevaux et son
escorte étaient à la porte, et déjà vous vous prépariez à partir,
ayant reçu, après mon départ, l'ordre de mouvement. Mais en
voilà trop sur un fait si clair, si précis, si incontestable. »

Et Gérard écrit : « Quand sur un fait capital, et auquel s'atta-
che la terrible responsabilité des retards de l'aile droite dans
la journée du 18 juin, on le (Grouchy) voit dénaturer les
faits à ce point qu'il assigne avant le jour l'heure de son départ qui n'a réellement eu lieu qu'après 7 heures, on se de-
mande...... »

La lettre de l'intendant Denniée est si nette, si remplie de
détails précis et circonstanciés, elle est tellement appuyée par
le témoignage formel et positif de Gérard, qu'elle constitue une
charge accablante pour Grouchy.

Mais il est aisé de prouver que les déclarations de ce dernier
sont fausses de tous points.

Comment peut-il, le 17 à 10 heures du soir, avoir prescrit à
Gérard et à Vandamme de se porter sur Sart-à-Walhain, c'est-
à-dire sur Wavre, le lendemain matin au jour, quand, de Gembloux, également à 10 heures du soir, il écrit à l'Empereur :

« Il *paraît*, d'après tous les rapports, qu'arrivés à Sauvenière,
les Prussiens se sont divisés en deux colonnes; l'une *a dû* prendre
la route de Wavre, l'autre colonne *paraît* s'être dirigée sur Perwez. On peut *peut-être* en inférer qu'une portion va rejoindre
Wellington, et que le centre, qui est l'armée de Blücher, se
retire sur Liége, une autre colonne, avec de l'artillerie, ayant
fait sa retraite sur Namur.

« Le général Exelmans a l'ordre de pousser ce soir six escadrons sur Sart-à-Walhain, et trois escadrons sur Perwez.

« D'après leurs rapports, si la masse des Prussiens se retire
sur Wavre, je les suivrai dans cette direction, afin qu'ils ne
puissent gagner Bruxelles et de les séparer de Wellington. Si
au contraire mes renseignements prouvent que la principale
force prussienne a marché sur Perwez, je me dirigerai par cette
ville à la poursuite de l'ennemi. »

Ce texte est celui qui figure aux Archives de la Guerre.

Celui que l'on trouve dans les *Mémoires* de Grouchy (1) diffère notablement :

« Le corps prussien d'environ 30.000 hommes, qui était encore ici ce matin, a effectué son mouvement de retraite dans la direction de Sauvenière. D'après les divers rapports, il *paraîtrait* qu'arrivée à Sauvenière, une partie de l'armée prussienne *se serait* divisée; une colonne se *serait* portée sur *Perwez-le-Marché*, une autre *aurait* pris le chemin de Wavre en passant par Sart-à-Walhain. Peut-être pourrait-on en inférer que quelques corps prussiens *iraient* joindre Wellington, et que d'autres se *retireraient* sur Liége.

« Une colonne prussienne, avec de l'artillerie, a pris, en quittant le champ de bataille de Fleurus, la route de Namur.

« Le général Exelmans a ordre de pousser, ce soir, six escadrons sur Sart-à-Walhain, et trois sur Perwez.

« Si j'apprends par des rapports qui, j'espère, me parviendront pendant la nuit, que de fortes masses prussiennes se portent sur Wavre, je les suivrai dans cette direction et les attaquerai dès que je les aurai jointes. »

Lequel des deux textes est le bon? Il semble difficile de se prononcer. Celui des Archives de la Guerre porte la mention : « D'après la minute. » Il est identique à celui que Gourgaud a certifié conforme à *l'original* à lui remis par l'Empereur; c'est celui qu'a cité Gérard. Il semble donc bien qu'il doive être adopté, d'autant plus que le maréchal Grouchy n'avait qu'un respect relatif pour les documents de nature à le gêner.

En tout cas, d'après l'un comme d'après l'autre, Napoléon était fondé à penser que Grouchy manœuvrait de manière à contenir Blücher *dont les corps étaient représentés comme entièrement désunis.*

Mais, ce qui ressort, jusqu'à la dernière évidence, de l'un comme de l'autre texte, c'est qu'à 10 heures du soir, le 17 juin, Grouchy était loin d'être assez fixé pour donner ses ordres de mouvement, puisqu'il subordonnait le choix de la direction à prendre à des rapports devant lui parvenir pendant la nuit. Et il n'était pas homme à dépasser la route de Liége dans la direc-

____

(1) Vol. 4, p. 58.

tion de Wavre avant d'avoir l'assurance que le gros des forces prussiennes n'était pas vers Liége.

On est donc porté à considérer comme apocryphes les ordres de mouvement reproduits dans ses *Mémoires*, sans aucune indication quant à leur provenance. S'il les eût envoyés, comment Gérard aurait-il attendu avec impatience le lendemain matin l'ordre de mouvement? S'il les eût réellement donnés, aurait-il manqué d'en rendre compte dans le rapport qu'il adressa à l'Empereur à 10 heures du soir?

Et si le maréchal est parti de Gembloux avant le jour, s'il a rejoint la tête de colonne de Vandamme d'un temps de galop, comme il l'affirme, comment se fait-il qu'au moment où se fit entendre la canonnade de Waterloo, vers 11ʰ 30, il fût encore à Walhain? Il prétend bien, à la page 120 du volume 5 de ses *Mémoires*, qu'à 11ʰ 30, il découvrait à une lieue et demie de Wavre une arrière-garde ennemie avec du canon ; mais il se trompe, de toute évidence, puisqu'à ce moment il était avec Gérard à Walhain.

Après avoir d'abord nié que Gérard, devançant ses troupes, l'eût rejoint dans cette localité, et soutenu que le commandant du 4ᵉ corps ne l'avait joint que vers 3 heures de l'après-midi, il a dû se rendre à l'évidence, et reconnaitre que Gérard s'était bel et bien présenté à lui vers 11 heures à Walhain (1) dans la maison de M. Hallaërt, notaire, où il déjeunait et qu'à 11ʰ 30, au bruit du canon de l'Empereur, le commandant du 4ᵉ corps lui proposa de marcher au canon.

Il dit être arrivé aux environs de 10 heures « aux premières maisons de Walhain », avoir laissé filer sa colonne et être entré dans la maison du notaire pour écrire à Napoléon. (Relation succincte et observations de Grouchy, citées par M. Houssaye, 1815. Vol. II, p. 290, note 1.)

Or, sa lettre porte : « 11 heures du matin. »

Est-il admissible que, si Grouchy fût parti de Gembloux au jour, et aux allures vives, au galop comme il le dit dans son

---

(1) On s'est demandé si c'était à Walhain ou Sart-à-Walhain que Gérard avait joint le maréchal. Comme ces deux villages sont distants d'un peu plus d'un kilomètre, comme l'un et l'autre sont sensiblement à la même distance de Gembloux, cela importe peu dans notre discussion.

rapport à l'Empereur, il n'eût été qu'entre 10 et 11 heures à Walhain, quand ces deux localités sont à peine distantes de 2 lieues? [C'est la distance qu'il donne lui-même dans ses *Mémoires* (1)].

Mais il eût été rendu avant 5 heures!

Et Vandamme, parti avant 4 heures de ses bivouacs qui avaient été établis à une lieue en avant de Gembloux, eût dû lui-même arriver à Walhain, n'ayant qu'une lieue à faire, non vers 10 heures, comme le dit Grouchy, mais vers 5 heures!

A 10 heures, il eût dû être non loin de Wavre (5 1/2 lieues), tandis que, d'après le maréchal lui-même, à 11ʰ 30, il en était encore à 1 lieue et demie (2), et qu'en réalité il était beaucoup plus loin, puisqu'il n'aborda la ville qu'entre 4 et 5 heures (3).

La preuve est faite : conformément aux affirmations unanimes de Gérard, de Vandamme, d'Exelmans, de Berthezène, de Denniée, malgré les dires intéressés de Grouchy, l'aile droite de l'armée est partie tardivement de Gembloux et environs, alors qu'il importait de partir *avant le jour*.

Et qui veut trop prouver ne prouve rien, ce qui est le cas du

---

(1) Vol. 5, p. 296.

(2) *Mémoires*, vol. 5, p. 120.

(3) La marche de l'aile droite a été de toutes façons très mal réglée. En effet, on ne peut admettre que le 4ᵉ corps (témoignage de Gérard, Denniée, etc.), soit parti de Gembloux avant 7ʰ 15 au plus tôt; de son côté, le 3ᵉ corps qui avait bivouaqué à une lieue en avant de Gembloux, n'étant arrivé à Walhain que vers 10 heures, n'a dû rompre que vers 8ʰ 30, au plus tôt, n'ayant qu'une lieue à parcourir pour y arriver et n'ayant pas eu d'arrêt en route. Il en résulte qu'au moment où la tête du 4ᵉ corps arriva à hauteur des bivouacs du 3ᵉ, celui-ci ne faisait que se mettre en marche et que Gérard dut attendre, pour reprendre son mouvement, que le corps de Vandamme se fût écoulé. C'est sans doute pourquoi il prit les devants de ses troupes pour aller à Walhain où il rejoignit Grouchy.

Il semble résulter d'ailleurs, de divers passages des *Mémoires* du maréchal, qu'il ne considéra d'abord Walhain que comme un lieu de rendez-vous, et qu'il comptait s'y arrêter pour attendre des renseignements avant de prendre une direction définitive. Ceci corrobore notre assertion au sujet de craintes que lui inspirait la direction de Liége. S'il eût donné des ordres plus nets à sa cavalerie, s'il l'eût envoyée plus au loin, au lieu de la garder pour ainsi dire dans les jambes de son infanterie, à 2 lieues de lui, il eût su rapidement qu'il n'y avait rien à redouter de ce côté, car elle n'aurait rencontré vers Liége que des isolés et des voitures, et rien qui indiquât que des colonnes prussiennes avaient marché dans cette direction. Certainement Grouchy a fini par se rendre compte de l'inanité des craintes qu'il avait conçues pour la direction Perwez-Liége, et de l'insuffisance des mesures qu'il avait prises pour s'éclairer de ce côté. Voilà pourquoi, dans ses *Mémoires*, lorsqu'il reproduit son rapport du 17, 10 heures du soir, à l'Empereur, il ne mentionne plus la direction de Perwez, mais seulement celle de Wavre.

maréchal prétendant avoir donné ses ordres le 17, à 10 heures du soir, *quand il ne lui fut possible de prendre une décision que vers 3 heures du matin.*

A 3 heures, en effet, il fut en possession de renseignements lui permettant de fixer sa direction et de donner ses ordres, ainsi que l'établit sa lettre écrite de Gembloux, à cette heure même, à l'Empereur : « Sire, tous mes rapports et renseignements confirment que l'ennemi se retire sur Bruxelles, pour s'y concentrer, ou livrer bataille après s'être réuni à Wellington... »

Son départ tardif a été une faute d'autant plus lourde qu'il terminait sa lettre en disant : « Je pars à l'instant pour Sart-à-Walhain, d'où je me porterai à Corbais et à Wavre (1). »

Napoléon fut donc une fois de plus fondé à croire que les Prussiens seraient attaqués vers 10 heures au plus tard (2), et

---

(1) Bien que le texte de Grouchy porte 3 heures, on a soutenu que cette lettre fut écrite à 6 heures du matin, et non à 3 heures; on a particulièrement retenu que Grouchy n'avait pu écrire à 3 heures : « Je pars à l'instant », quand il n'était parti qu'à 8 heures. Mais, s'il a écrit à 6 heures, le départ n'a pas été davantage *immédiat.*

« Entre 11 heures et minuit, arrivèrent les rapports du général Bonnemains et du colonel commandant le 15e dragons, mentionnant tous deux la marche des Prussiens sur Wavre; un peu avant 3 heures, des avis venus de Walhain et de Sart-à-Walhain appreniaient au maréchal que, la veille, trois corps d'armée avaient été vus se dirigeant sur Wavre, et que, d'après les dires des officiers et des soldats, ils allaient se masser près de Bruxelles, pour y livrer bataille. »

On est donc fondé à croire que c'est après avoir reçu ce deuxième renseignement que Grouchy écrivit à l'Empereur. Il se peut très bien qu'au moment où il écrivait il ait eu l'idée de partir le plus tôt possible et qu'il ait ensuite changé d'avis pour un motif ou pour un autre, fatigue des troupes, attente de renseignements dans la direction de Perwez-Liége, crainte de voir des corps prussiens en déboucher sur ses derrières, etc...

Il a fort bien pu, en conséquence, s'arrêter à l'idée de retarder son départ, sans réfléchir (réfléchir n'était pas son fort), qu'il s'exposait à tromper l'Empereur le croyant en route dès 3 heures du matin.

Mais, de toutes façons, ce qui reste acquis, et cela seul importe à notre discussion, c'est que Grouchy n'eut la possibilité de prendre une décision qu'à 3 heures du matin.

(2) On a argué, M. Houssaye entre autres, que si la lettre de Grouchy avait été écrite à 3 heures, elle serait arrivée à l'Empereur avant 10 heures, et qu'il en serait question dans les instructions que Soult adressa vers cette même heure au maréchal. L'argument est loin d'être péremptoire; la lettre, commencée à 3 heures, n'a certainement pu être expédiée avant 3h 30 au plus tôt (temps nécessaire à la rédaction, à la transcription, à la mise en route du porteur, etc.). Or, de Gembloux au Caillou, il y a près de 36 kilomètres; la route abîmée par l'orage, l'était aussi par le passage de nombreuses troupes amies et ennemies. La remonte, en général, laissait beaucoup à désirer, comme le constate Napoléon dans ses lettres du 16 à Ney et à Grouchy. Il est donc très admissible que l'estafette n'ait pu arriver normalement

par toutes les forces de Grouchy à qui il avait expressément recommandé de garder ses deux corps d'infanterie réunis dans une lieue de terrain, tandis qu'ils ne le furent qu'après 4 heures du soir, et par la tête de colonne seule, le maréchal, comme on le verra, ayant commis la faute de former une colonne unique!

En effet, si nous examinons les dispositions adoptées par Grouchy pour sa marche sur Wavre, nous ne pouvons que les blâmer.

Il achemine l'un derrière l'autre les 3e et 4e corps et la division Teste, alors qu'il disposait de deux itinéraires, l'un par Walhain et Nil-Saint-Vincent, l'autre par Sart-à-Walhain et Dion-le-Mont.

Il lui suffisait de régler la marche pour que les deux têtes de colonnes fussent à peu près à même hauteur.

Il prétend qu'il n'a agi ainsi que pour se conformer à l'ordre de l'Empereur « de tenir constamment ses deux corps réunis dans une lieue de terrain ».

Mais en suivant les deux itinéraires indiqués ci-dessus, au maximum distants d'une lieue vers le milieu du parcours, et convergeant ensuite vers Wavre, il gardait au contraire ses deux corps dans sa main, tandis que sur une seule route, mauvaise, prétend-il, 25.000 hommes étaient loin d'être réunis dans une lieue de terrain, puisqu'ils en tenaient plus de quatre!

La preuve en est que le maréchal n'eut jamais ses troupes sous la main et que, dans son propre récit, les 3e et 4e corps lui échappèrent; il voltigea, vers la fin de la journée, des uns aux autres, véritable mouche du coche, mais à aucun moment il n'imprima une direction d'ensemble.

N'était-il pas évident d'ailleurs que, dans sa situation, il avait un intérêt primordial, dès qu'il rencontrerait l'ennemi, à l'aborder d'emblée avec tous ses moyens, ce qu'il ne pouvait faire avec une longue colonne qu'il fallait au préalable rassembler et former avant de l'engager?

La concentration de forces ordonnée par Napoléon n'avait

---

avant 9 heures. Mais n'y a-t-il eu aucun incident de nature à la retarder? Il convient de ne pas oublier les retards de *plusieurs heures* qu'on relève le 15 et le 16, dans la transmission des ordres à Vandamme et à Gérard.

d'autre objet, car si c'était à la cavalerie « d'éclairer la marche de l'ennemi pour pénétrer ce qu'il voulait faire », c'était au gros à lui mettre solidement la main dessus dès qu'on serait fixé, et pour cela il fallait qu'il fût groupé et prêt à agir dans tous les sens.

Il semble bien, comme on l'a écrit, que le maréchal soit parti comme « une tête folle », sans réfléchir aux données du problème à résoudre, au petit bonheur.

D'après lui « le 4e corps eût dû prendre un autre des chemins qui conduisent de Gembloux à Sart-à-Walhain, lieu de rendez-vous indiqué; il y en avait plusieurs (c'est exact); il ne lui appartenait pas, comme maréchal, d'entrer dans tous les détails du mode d'exécution des marches (1) ».

Mais qu'avait donc, pour lui, à faire un maréchal? En vérité on croit rêver! Ce n'est donc pas au général en chef et à son état-major qu'il appartient essentiellement de répartir les routes à suivre entre les divers corps de l'armée? Alors, chaque corps choisirait la sienne? C'est piteux!

Il oublie que son ordre du 17, celui qu'il prétend avoir donné à Gembloux, à 10 heures du soir, à Gérard, porte : « Je désire, mon cher Général, que vous vous mettiez en marche le 18 du courant, à 8 heures du matin; *vous suivrez le corps du général Vandamme.* »

Et pourquoi prescrire au 4e corps 8 heures comme heure de départ, s'il doit suivre un chemin distinct de celui du troisième? Il n'a pas besoin d'attendre que l'écoulement soit achevé pour se mettre en route.

La vérité, pour le malheur de l'Empereur et celui de la France, c'est que Grouchy était, de toute évidence, un chef insuffi-sant, vivant à l'instant l'instant, sans préoccupation à longue échéance, sans vues d'ensemble; un de ces chefs qui portent bien les insignes des grades les plus élevés, mais avec une men-talité de subalterne, car leur cerveau n'est pas fait pour les hautes parties de l'art, accessibles à bien peu, il faut le dire. La chose se constate malheureusement trop tard, quand les événe-ments de guerre placent ces incapables dans des situations qui

____

(1) *Mémoires,* vol. 5, p. 403.

dépassent leurs moyens et les écrasent. C'est l'histoire des
de Failly, des Bazaine, et de bien d'autres (1)!

Examinons maintenant la situation de l'aile droite de l'armée
le 18 juin, au jour.

Nous avons expliqué qu'elle eût été autrement avantageuse
si le maréchal eût pris, dès le 17, quand il reçut les ordres de
l'Empereur, des mesures plus rationnelles et plus en harmonie
avec ses instructions.

Mais enfin tout pouvait être réparé, si, au moment où les
renseignements arrivés à Gembloux, dans la nuit du 17 au 18,
lui montrèrent les Prussiens marchant vers les Anglais, il les
eût rapprochés de la lettre de l'Empereur.

S'inspirant alors de la partie essentielle de cette lettre ayant
trait à l'intention possible de Blücher et de Wellington d'opérer
leur jonction en vue d'une bataille au sud de Bruxelles, il eût
compris immédiatement que sa marche devait commencer avant

---

(1) Le fait de conclure de preuves données dans des situations spéciales ou subor-
données à l'aptitude du haut commandement, n'est qu'une erreur qui a été commise
bien souvent, et fut plus d'une fois chèrement payée. Le général Lewal, qui avait vu
Bazaine à l'œuvre au Mexique et sous Metz, nous a raconté que, sur un terrain limité,
qu'il pouvait embrasser à la vue, le maréchal, comme à San-Lorenzo, avait souvent
montré un coup d'œil, une décision, et une vigueur remarquables; mais dès que sur
un champ de bataille étendu, comme à Rezonville, il s'est agi de voir avec les yeux
de l'esprit, ces qualités disparurent et firent place à une sorte de cécité, à l'irrésolu-
tion et à l'apathie; vite il en revint à remplir sur un point particulier un rôle de subalterne pour lequel seul il était fait; à plus forte raison quand il s'agissait de stratégie,
quand il fallait voir dans l'espace et calculer; alors, il n'y avait plus personne!
C'est pourquoi la guerre coloniale expose aux plus sérieux mécomptes, car elle
ne saurait constituer, ni de près ni de loin, une préparation à la conduite des grandes
opérations; certains de nos chefs de 1870, qui furent d'une insuffisance si tristement
lamentable, qui se montrèrent de « véritables collégiens de la guerre », avaient fait
leurs preuves coloniales, et brillamment, en Algérie, en Chine, au Mexique!
On ne saurait trop le redire, le nombre des hommes capables de conduire les grandes
masses est bien petit, dans toutes les armées, *quel que soit celui des officiers distingués
et instruits qu'elles renferment*, et si l'étude, la réflexion, la méditation, sont nécessaires,
il faut bien convenir qu'avant tout, pour pratiquer les parties élevées de l'art, il faut
les dispositions innées, le tempérament de la chose, qui sont des dons de dame Nature,
qui s'en montre fort avare! Napoléon disait expressément, en parlant de ses aptitudes
militaires : *C'est le don que j'ai reçu de la Nature.*
C'est pourquoi les vrais hommes de guerre peuvent tous se ramener à un type
général, présentant psychologiquement un ensemble de particularités, de qualités,
mais aussi de défauts de caractère formant un véritable critérium qui devrait, avant
toute autre considération, servir de base à la recherche des sujets à pousser, sans
s'arrêter aux défauts inévitables parce qu'inséparables des qualités, et qui sont
comme l'envers de la médaille. Or, combien de fois n'ont-ils pas entravé la carrière
d'hommes qui ne savaient, qui ne pouvaient être *persona grata*, en tout temps et
en tout lieu!

le jour, c'est-à-dire *immédiatement*, et se faire sur Mousty, pour de là marcher sur Wavre par la rive gauche de la Dyle.

Au lieu de cela, il ne songera qu'à l'interprétation littérale, étroite des premiers ordres verbaux de Napoléon, donnés *à un moment où l'on ne savait rien de certain :* « Suivez les Prussiens, ne les perdez jamais de vue », sans réfléchir qu'en marchant sur Wavre par Corbais il s'exposait maladroitement à prendre le taureau par les cornes, à se faire brider à Wavre par une arrière-garde, qui, défendant le passage de la rivière, lui masquerait les mouvements du gros de Blücher, *resté libre ;* sans comprendre que, pour savoir si, de Wavre, les Prussiens allaient aux Anglais, le meilleur, le seul moyen était d'envoyer le plus tôt possible une grosse part de sa cavalerie sur les itinéraires transversaux permettant la jonction des deux masses ennemies, c'est-à-dire sur Chapelle-Saint-Lambert et Cromont; sans se dire que pour être à même de contrarier le plan que Napoléon redoutait le plus, d'après la phrase si lumineuse de sa lettre, et *qui était, à n'en pas douter, en voie de réalisation,* il fallait que le gros de son détachement appuyât immédiatement dans la direction de la Dyle, quitte à se porter ensuite sur Wavre par la rive gauche, si, contrairement aux renseignements reçus, Blücher y était resté; sans saisir qu'il y avait tout avantage, *maintenant que la situation était éclairée,* à se rapprocher de l'Empereur, en couvrant son mouvement sur sa droite, vers Wavre, par une partie de sa cavalerie, appuyée par quelques éléments d'infanterie, la division Teste, par exemple.

Toutes ces réflexions s'imposaient; malheureusement Grouchy était incapable de les faire! Il ne se rappella que les mots : « Suivez les Prussiens »; cela lui suffit, malgré la lettre qui avait suivi les instructions verbales!

C'est encore la raison qu'il donnera à Gérard pour ne pas marcher au canon de Waterloo (1), à un moment, il est vrai, où, par suite de ses dispositions défectueuses, il était bien tard

---

(1) Il n'entre pas dans le cadre de cette étude d'examiner les opérations effectives de Grouchy dans la journée du 18 juin, aux abords de Wavre, opérations absolument incohérentes d'ailleurs; nous nous bornons à l'étude des dispositions prises en vue de la mission assignée par l'Empereur et de celles que comportaient les ordres de Napoléon. Et du moment que l'aile droite, partie tard de Gembloux, avait pris la direction de Wavre, le sort était jeté, la catastrophe était inévitable!

pour intervenir utilement, du moins autrement que pour limiter les conséquences de la défaite et empêcher la déroute.

C'est la raison qu'il expose dans tout ce qu'il a écrit pour sa justification.

Perdu, affolé, oubliant même la recommandation de Napoléon d'échelonner des détachements de cavalerie intermédiaires pour communiquer, comprenant confusément qu'il s'était fourvoyé, il se rattachait désespérément à cette idée folle de poursuivre purement et simplement ce qu'il avait rencontré de l'ennemi, dont il faisait ainsi le jeu sans s'en douter.

Comme si l'Empereur lui avait prescrit de s'attacher, *ne varietur*, au premier élément de l'armée prussienne qu'il rejoindrait, sans s'occuper du reste!

Si Grouchy, comprenant mieux sa mission et les ordres de Napoléon, eût installé, le 17 au soir, son détachement dans les conditions que nous avons indiquées, une fois orienté par les avis arrivés à Gembloux dans la nuit du 17 au 18, il eût été à même de se mettre, avant le jour, en marche sur Mousty-Ottignies en deux colonnes, et d'atteindre la Dyle vers 8 heures du matin; c'était une distance d'à peu près 4 lieues à parcourir.

Le mouvement des Prussiens, de Wavre vers Mont-Saint-Jean, n'eût pu manquer d'être signalé à temps par la cavalerie d'Exelmans poussée dès la veille au soir vers Mousty, et chargée de lier les communications avec l'Empereur par Chapelle-Saint-Lambert, cavalerie qu'il se borna à envoyer à 2 lieues au nord de Gembloux!

Il eût donc été en mesure de s'opposer au mouvement de Blücher, soit par l'offensive dans son flanc gauche, soit en lui barrant la route, car ce n'est qu'à 3 heures que le corps de tête de Blücher (Bulow) déboucha devant les positions de Lobau.

Même avec les dispositions défectueuses qu'il prit le 17, il fût encore arrivé à temps, à condition de prendre, dès qu'il fut renseigné, la direction qui s'imposait, de partir avant le jour et d'activer sa marche.

On lit dans le récit de l'État-major prussien :

« La canonnade dans la direction de Plancenoit et de Waterloo étant si vive, on devait penser que les corps français qui suivaient l'armée prussienne, loin de tenter le passage de la Dyle (à Wavre), préféreraient marcher par leur gauche, dans la direction du champ de bataille, et que le maréchal Grouchy ferait masquer ce mouvement par la cavalerie sous les ordres du général Exelmans, qui talonnait l'arrière-garde prussienne, ce *qui aurait pu compromettre toute l'opération de Blücher.* »

A plus forte raison cette opération eût-elle échoué si Grouchy eût été dès 8 heures du matin sur la Dyle, comme il le pouvait, comme il le devait ; jamais les Prussiens n'eussent pu déboucher en temps voulu à Waterloo, et l'Empereur en finissait avec l'armée anglaise.

En résumé, Grouchy n'a pas compris sa mission et ne s'est pas rendu compte de la situation. Au fond, cela n'est pas fait pour surprendre, car, ainsi que l'a écrit M. le général Bonnal, « la stratégie, art d'un ordre élevé, n'est pas à la portée de tous, alors que la tactique convient au plus grand nombre ».

Incertain de lui-même, se méfiant de ses forces, le commandant de l'aile droite ne pouvait pas commander, et, en fait, il a constamment discuté avec les généraux placés sous ses ordres qui gagnaient à la main, sentant leur chef au-dessous de sa tâche. Tant il est vrai que, dans les situations élevées, l'autorité a pour première source la capacité ; en paix, on s'en tire toujours, mais en guerre il en est autrement !

Napoléon s'est donc trompé dans le choix du chef de son aile droite (1) ; en tout cas, en raison de son faible *tirant d'eau,* il eût convenu de le diriger davantage et de lui adresser des ordres plus explicites ; l'erreur a été de le traiter en grand garçon et de lui faire confiance quand il lui fallait des lisières ; il est regrettable également que le major général n'ait pas porté à la connaissance de Grouchy les renseignements transmis par la cavalerie du général Monthion, dirigée vers Gentinnes-Géry par ordre de l'Empereur, et qui informait dès le 17 dans la journée qu'une partie des forces prussiennes battues à Ligny se retirait sur Wavre, par Gentinnes.

____

(1) Napoléon a eu à se repentir plus d'une fois de certains de ses choix pour les commandements importants et indépendants ; quand il s'agit de ses frères, la chose peut s'expliquer en vertu de considérations de famille ou d'ordre dynastique. Mais en 1812, il eût pu payer cher le choix qu'il avait fait d'Oudinot, si une blessure opportune ne lui avait pas substitué Gouvion-Saint-Cyr, jusque-là subordonné à cet incapable !

En tout cas, en raison de l'incertitude où l'Empereur se trouvait encore lorsqu'il écrivit à Grouchy, du champ de bataille de Ligny, il eût importé, le maréchal n'ayant jamais fait ses preuves que comme général de cavalerie, de le chapitrer avec plus de précision au moyen d'instructions complémentaires.

On peut facilement imaginer, en se reportant au mode de correspondance usité à cette époque, quelles auraient pu être les instructions rédigées dans ce sens par le major général, dès qu'il fut constaté que l'armée anglaise était en position en avant de la forêt de Soigne, et qu'une partie de l'armée prussienne avait marché sur Wavre :

Ferme du Caillou, le 17 juin 1815, 9 heures du soir.

MONSIEUR LE MARÉCHAL,

L'armée anglaise a quitté les Quatre-Bras; après avoir été vivement poursuivie, elle s'est établie sur les hauteurs de Mont-Saint-Jean, devant la forêt de Soigne, où elle semble vouloir couvrir Bruxelles.

L'intention de l'Empereur est de l'attaquer demain matin.

Il se peut donc qu'il y ait demain une bataille qui décidera du sort de la guerre.

Sa Majesté me charge de vous dire ce qu'elle attend de vous et de l'aile droite de l'armée placée sous vos ordres.

Les 3e et 4e corps, la division Teste, les corps de cavalerie des généraux Pajol et Exelmans vous font à peu près 35.000 hommes, dont environ 5.000 cavaliers.

Avec cette force, le but de vos opérations, qui est de première importance, est d'empêcher l'armée prussienne d'intervenir dans la bataille que l'Empereur livrera aux Anglais, si ceux-ci, comme tout le fait supposer, l'attendent sur leurs positions.

Or, si les Prussiens, après leur défaite d'hier à Ligny, ont dirigé leur retraite en partie sur la Meuse, il est certain que plusieurs de leurs corps ont marché sur Wavre; cela résulte des rapports faits à l'Empereur par les généraux Monthion et Milhaud.

Il faut donc faire éclairer fortement par votre cavalerie ces directions de Namur et Perwez, mais surtout celle de Wavre, qui est la plus dangereuse pour les opérations de l'Empereur.

Mais le plus important est que demain *avant le jour*, et sans attendre d'être fixé sur ce que fait l'ennemi, vous mettiez votre armée en marche très rapidement sur Mousty, où vous tiendrez vos troupes rassemblées, en faisant occuper Chapelle-Saint-Lambert et Cromont;

vous correspondrez constamment avec l'Empereur par Plancenoit, et vous multiplierez les reconnaissances sur Wavre et tous les environs de cette ville.

Pendant ce temps, le reste de votre cavalerie aura achevé d'éclairer vers Namur et Perwez.

Si vous apprenez que les Prussiens sont en force à Wavre, vous aurez à vous porter immédiatement sur Chapelle-Saint-Lambert et Limal où vous prendrez vos dispositions pour interdire à l'armée prussienne tout mouvement vers les Anglais par Limal et Cromont; en un mot votre opération consisterait à faire perdre la journée à Blücher, de façon que Sa Majesté puisse en finir avec les Anglais sans être dérangée, et il n'y aurait aucun inconvénient à ce que, pour y arriver, vous finissiez par céder un peu de terrain.

Si les Prussiens, repliés vers la Meuse, voulaient marcher vers les Anglais par Gembloux, Nil-Saint-Vincent et Mousty, votre rôle serait le même, mais dans ce cas vous n'auriez pas à vous porter de Mousty sur Chapelle-Saint-Lambert, car à Mousty vous seriez tout placé pour remplir les intentions de l'Empereur.

Enfin si l'ennemi continuait sa retraite sur la Meuse sans chercher à appuyer les Anglais qui ne l'ont pas secouru hier, vous n'auriez qu'à manœuvrer pour tomber sur les derrières de l'armée anglaise, attaquée de front par l'Empereur, et qui serait en un instant détruite; vous vous borneriez à vous couvrir, à tout événement, par quelques détachements sur la Dyle.

Sa Majesté détache près de vous M. le général Labédoyère, son aide de camp, pour la tenir exactement au courant de vos opérations, ce qui ne vous empêchera pas de communiquer vous-même fréquemment avec l'Empereur qui me charge de vous répéter que ces communications sont de la plus haute importance.

Ce qui est certain, c'est que si des instructions dans ce genre avaient été adressées à Grouchy le 17 au soir, Waterloo aurait été un triomphe pour les armes françaises.

Si notre aile droite eût été commandée par un Masséna, un Davout, un Gouvion-Saint-Cyr, les instructions écrites de Napoléon eussent été suffisantes; avec Grouchy, on pouvait peut-être le prévoir, elles ne le furent pas.

Gourgaud affirme bien, dans la version de Sainte-Hélène, inspirée par Napoléon, que dans la nuit du 17 au 18, et le lendemain matin, des ordres ont été expédiés à Grouchy pour lui prescrire de passer la Dyle au-dessous de Wavre, puis de se porter sur Saint-Lambert.

Ce qui est certain, c'est que ces ordres ne figurent pas au

livre du major général, pas plus que les noms des officiers chargés de les porter, ce qui toutefois n'est pas une preuve absolue qu'ils n'ont pas été envoyés; en tout cas, ils ne sont pas parvenus à destination, la chose est hors de doute, et Gourgaud le reconnaît lui-même.

Il y a peut-être à cela une explication qui n'est autre que le récit du fils de Blücher lui-même : « La perte de la bataille de Waterloo est généralement attribuée à ce que le maréchal de Grouchy n'a pas exécuté les ordres de l'Empereur. C'est une grande erreur et voilà ce qui s'est passé *sous mes yeux* au quartier général du maréchal Blücher :

« Un officier d'état-major du quartier général impérial a été amené au maréchal Blücher. Avait-il été pris? Avait-il trahi? C'est ce que j'ignore, mais toujours est-il qu'il était porteur d'un ordre écrit au crayon (1), adressé à M. le maréchal de Grouchy, portant que le maréchal devait marcher sur le point où se trouvait l'Empereur et laisser 6.000 hommes en face de l'armée prussienne, pour masquer son mouvement, et la tenir en échec pendant qu'il l'opérerait; que le maréchal Blücher, muni de ce document, avait exactement fait la même manœuvre. Voilà pourquoi l'Empereur ne cessait de répéter, en apercevant au loin un corps d'armée, venant du côté où il attendait M. le maréchal de Grouchy : « C'est Grouchy, c'est Grouchy. » (Récit fait en 1815 par le fils du maréchal de Blücher, attaché à l'état-major de son père, à M. Le Tourneux, pendant le séjour des troupes prussiennes à Caen. M. Le Tourneux était un homme de lettres très honorablement connu à Caen.)

Mais ce qui autorise malgré tout à douter de l'envoi d'un ordre à Grouchy pour le ramener vers Saint-Lambert, c'est que les instructions qui lui ont été expédiées postérieurement, du champ de bataille de Waterloo, par le major général, les premières à 10 heures du matin, les secondes à 4 heures, ne parlent pas de ce mouvement, et approuvent la marche sur Wavre (2).

____

(1) A rapprocher du fait que la dépêche envoyée par Soult à Grouchy du champ de bataille de Waterloo, à 1ʰ 30 de l'après-midi et qui arriva à destination vers 5 heures, était écrite au crayon.

(2) Il faut pourtant observer qu'il n'est pas inadmissible que le major général, estimant à 10 heures du matin qu'il n'était plus temps de modifier la marche de Grouchy sur Wavre, se soit borné à accepter, *sans récriminer*, le fait accompli,

Toutefois, ce n'est pas là non plus une preuve absolue, en raison des défectuosités nombreuses que l'on relève dans le service de l'État-major général, dirigé par Soult, en 1815.

Les uns (comme Thiers) ont voulu rejeter les fautes de cette courte et désastreuse campagne sur les lieutenants de l'Empereur, sur Ney et sur Grouchy en particulier, les autres, comme Charras, sur Napoléon lui-même.

Un écrivain militaire dont les travaux sont justement estimés, s'est montré formel; pour lui, Napoléon, « après avoir manqué de perspicacité dans la direction des opérations, a manqué de coup d'œil sur le terrain; après s'être montré médiocre stratégiste dans la préparation de la bataille, il s'est montré médiocre tacticien en la livrant ».

Malgré tous les raisonnements par lesquels, à la suite de Charras et de Grouchy, il cherche à établir que « Napoléon a entassé fautes sur fautes, en manquant l'occasion qu'il eut d'anéantir à Ligny l'armée prussienne, en ne faisant pas poursuivre celle-ci avec la dernière énergie, en perdant la moitié de la journée du 17, en ne donnant ses premiers ordres à Grouchy que le 17 à midi, en se faisant volontairement illusion sur la direction de retraite de l'armée prussienne et sur son degré de désorganisation, prenant ainsi ses désirs pour des réalités, en se trompant du tout au tout sur les intentions de ses adversaires le 18 juin, en orientant Grouchy entièrement à faux, en engageant trop tard la bataille de Waterloo, avec l'idée fausse de forcer le centre anglais, double faute qu'il avait déjà commise à Ligny ne voyant clair que tardivement à Ligny, à Waterloo n'y voyant pas du tout, dédaignant toute habileté..... », malgré toutes ces bonnes raisons, remarquablement développées, nous pensons que c'est là une thèse inadmissible.

---

considérant que le maréchal était sur les lieux, et seul en état d'apprécier exactement la situation. Dans ce cas, l'approbation de la marche sur Wavre, quand bien même la direction de Saint-Lambert aurait été indiquée, peut se comprendre, en raison de l'impossibilité de la modifier en temps voulu. Les dépêches de Grouchy avaient représenté l'armée prussienne comme désunie et fractionnée en plusieurs colonnes, et Napoléon, induit en erreur par le rapport envoyé par le maréchal à 3 heures du matin, était autorisé à penser que celui-ci attaquerait Wavre de très bonne heure. Toutefois Soult insistait au nom de l'Empereur sur la nécessité de *se rapprocher* de l'aile gauche, *de lier les communications, de se mettre en rapport d'opérations,* toutes choses dont Grouchy s'abstint entièrement.

Nous ne croyons à l'infaillibilité de personne, pas même à celle de Napoléon; les grands capitaines ont tous fait *ce que les critiques appellent des fautes.*

Mais, de là à ne faire que des fautes, à se conduire comme un Villeroi, un Soubise, il y a un abîme!

Les adversaires les plus âpres de l'Empereur sont obligés de reconnaître que la conception, le plan de Napoléon, son entrée en campagne, sont admirables, dignes de son génie militaire et qu'il n'a jamais rien fait de mieux.

Comment donc admettre que ce grand capitaine, qui, un an avant, avait mené l'immortelle campagne de France où l'on avait retrouvé chez l'Empereur vieilli le général Bonaparte de 1796, qui venait d'oser le retour de l'île d'Elbe, qui venait de marquer le début de la guerre par un chef-d'œuvre de stratégie, soit tombé tout à coup, à la date du 16 juin, au rang des pires ganaches?

Sans doute l'Empereur était souffrant; son activité physique avait peut-être diminué; il avait, dit-on, de fréquents besoins de sommeil; mais cela ne suffit pas pour expliquer le *manque de perspicacité* qu'on lui reproche d'autant plus à tort que son plan était précisément le fait de l'esprit le plus perspicace qui fut jamais.

Nous étudierons plus tard les journées de Ligny et de Waterloo, et nous verrons si l'on est en droit de taxer de fautes presque tous les actes de Napoléon, au cours de ces deux journées.

En tout cas, quand on porte un jugement sur un tel homme, il est prudent de se montrer très réservé, un César pouvant seul juger un Alexandre, avec autorité.

NOTE

Ne voulant pas alourdir le texte d'une étude spécialement consacrée au détachement placé sous les ordres de Grouchy, nous avons laissé de côté les critiques dont Napoléon a été l'objet au sujet du dispositif qu'il fit prendre à l'armée après le passage de la Sambre.

Ces critiques ne résistent pas à un examen attentif de la situation où se trouva l'Empereur dès qu'il fut sur la rive gauche de la rivière, et des nécessités impérieuses qui s'imposèrent à lui.

Nous nous en prendrons une fois de plus à la méthode qui consiste à baser la discussion sur la marche ultérieure des événements, à éliminer, par conséquent, des hypothèses qui ne se sont pas réalisées, il est vrai, mais qui n'en étaient pas moins plausibles, et dont l'Empereur ne pouvait pas ne pas tenir compte dans ses calculs; cette méthode supprime l'inconnu, contrairement à toute raison et à toute équité.

Ce qui ne saurait être contesté, c'est que, le 16 juin au matin, Napoléon avait le droit de se montrer satisfait; malgré des retards et des fautes d'exécution assurément regrettables, dus principalement à des défectuosités dans la transmission des ordres par l'État-major général, il avait à peu près atteint le but qu'il s'était proposé en arrêtant son admirable plan d'opérations qui dénotait une profondeur de vues, une sagacité, une sûreté de jugement et une précision dans les calculs qu'il n'a jamais dépassées dans ses plus heureuses campagnes.

L'armée avait franchi la Sambre devant l'ennemi et refoulé tout ce qu'elle avait rencontré devant elle, s'interposant, dès ses premiers pas sur le sol belge, entre les Anglais et les Prussiens, plus ou moins dispersés dans leurs cantonnements.

La suite à donner à la manœuvre qui avait si brillamment débuté dépendait de ce qu'allaient faire Blücher et Wellington, et, *de cela, on ne savait rien.*

S'ils voulaient se replier sur leurs bases d'opérations respectives, il fallait s'efforcer d'atteindre l'une des deux armées ennemies en retraite avec l'intention de la détruire, tout en faisant observer, au besoin contenir l'autre, par un détachement.

Dans ce cas, de toute évidence, c'était *sur les Anglais* qu'il convenait d'acheminer le gros de l'armée, les Prussiens, plus alertes, ayant plus de chances de se dérober en se couvrant rapidement de la Meuse; dès lors, il aurait fallu forcer le passage de cette rivière qu'on ne pouvait espérer surprendre comme celui de la Sambre, puis s'enfourner à leur suite entre Meuse et Rhin, dans une région coupée, accidentée, se prêtant à la défensive sur des positions successives disputées par des arrière-gardes; de ce côté, une solution n'aurait donc pu intervenir *qu'à longue échéance*, l'ennemi ayant la ressource finale de s'abriter derrière le Rhin.

Or, dans la situation où se trouvait l'Empereur, il lui fallait une action aussi rapide que décisive pour être à même de se retourner vainqueur contre les forces principales de la coalition qui n'allaient pas tarder à se mettre en mouvement.

Et s'il pouvait espérer contenir par un détachement, *pendant quelques jours*, celle des deux armées ennemies à laquelle il ne s'en prendrait pas avec le gros de ses forces, il n'y pouvait prétendre pendant une opération aussi longue que celle qu'eût amenée la poursuite de Blücher.

Enfin, en donnant la chasse aux Anglais, il devait être rapidement à Bruxelles, où, comme nous l'avons fait remarquer, il eût été maître de changer sa ligne d'opérations.

Mais si, au contraire, les deux armées alliées cherchaient à combiner leurs opérations en vue d'une réunion ultérieure qu'il importait avant tout d'empêcher, il convenait de porter le premier effort contre les Prussiens, plus entreprenants que les Anglais, plus menaçants pour la ligne d'opérations de l'armée, et de faire contenir Wellington par un détachement.

Pour nous, ces considérations ont incontestablement influé sur les mesures prises par l'Empereur aux premières heures de la matinée du 16 juin, car le dispositif qu'il adopta pour les divers corps de son armée les reflète avec la dernière évidence.

En effet, il dirige Grouchy sur la droite, vers Sombreffe et Gembloux, Ney sur la gauche, vers les Quatre-Bras, et il se tient au centre, avec ses réserves, *prêt à appuyer vers l'un ou vers l'autre, suivant ce qu'il apprendra*.

C'est là, en somme, un dispositif d'attente, et c'était le seul à adopter jusqu'à ce que la situation fût tirée au clair par les deux reconnaissances qui allaient se faire, à coups de canon s'il le fallait.

Les mouvements de retraite opérés par l'ennemi dans la soirée du 15 et pendant les premières heures de la matinée du 16, étaient nettement divergents, les Anglais se trouvant au nord pendant que les Prussiens se retiraient vers le nord-est et l'est.

Napoléon était donc en droit d'envisager l'hypothèse que chacune des deux armées alliées pouvait bien se replier sur sa base d'opérations respective.

Quoi qu'on en ait dit, cette hypothèse n'était pas à rejeter *a priori*, car il se pouvait fort bien que les alliés fussent résolus à ne rien risquer avant l'entrée en ligne des Russes et des Autrichiens.

N'était-ce pas là le plan de Schwarzenberg, le généralissime de la coalition, qui avait définitivement fixé au 27 juin le commencement des hostilités? Et les alliés ne pouvaient avoir oublié les rudes échecs que leur avait valus, l'année précédente, les tentatives de marche isolée de l'armée de Silésie.

Napoléon, tenant compte des événements de la veille et des renseignements reçus, ne pensa pas tout d'abord trouver le gros des forces prussiennes vers Sombreffe. Voilà pourquoi il pensa porter son principal effort contre les Anglais, en marchant sur Bruxelles.

Cela résulte expressément des instructions envoyées par lui à Ney et à Grouchy, le 16, entre 7 et 8 heures du matin :

Lettre de Napoléon au maréchal Ney.

Charleroi, le 16 juin 1815.

« Je vous envoie mon aide de camp, le général Flahaut, qui vous porte la présente lettre.

« Le major général a dû vous donner des ordres, mais vous recevrez les miens plus tôt, parce que mes officiers vont plus vite que les siens.

« Vous recevrez l'ordre de mouvement du jour; mais je veux vous écrire en détail, parce que c'est de la plus haute importance.

« Je porte le maréchal Grouchy, avec les 3e et 4e corps d'infanterie, sur Sombreffe. Je porte ma Garde à Fleurus, et j'y serai de ma personne avant midi. J'attaquerai l'ennemi, *si je le rencontre, et j'éclairerai la route jusqu'à Gembloux.*

« *Là, d'après ce qui se passera, je prendrai mon parti,* peut-être à 3 heures après-midi, peut-être ce soir. Mon intention est que, *immédiatement après que j'aurai pris mon parti, vous soyez prêt à marcher sur Bruxelles ;* je vous appuierai avec *la Garde qui sera à Fleurus ou à Sombreffe, et je désirerais arriver à Bruxelles demain matin. Vous vous mettriez en marche ce soir même si je prends mon parti d'assez bonne heure pour que vous puissiez en être informé de jour, et faire ce soir 3 ou 4 lieues et être demain à 7 heures du matin à Bruxelles.*

« Vous pouvez donc disposer vos troupes de la manière suivante : première division à 2 lieues en avant des Quatre-Chemins, s'il n'y a pas d'inconvénients; six divisions d'infanterie autour des Quatre-Chemins, *et une division à Marbais, pour que je puisse l'attirer à moi sur Sombreffe, si j'en avais besoin; aussitôt que mon parti sera pris,* vous lui enverrez l'ordre de venir vous rejoindre; elle ne retarderait d'ailleurs pas votre marche. Le corps du comte de Valmy, qui a 3.000 cuirassiers d'élite, à l'intersection du chemin des Romains et de celui de Bruxelles, *afin que je puisse l'attirer à moi, si j'en avais besoin;* aussitôt que mon parti sera pris, vous lui enverrez l'ordre de venir vous rejoindre.

« Je désirerais avoir avec moi la division de la Garde que commande le général Lefebvre-Desnoëttes, et je vous envoie les deux divisions du comte de Valmy pour la remplacer. Mais, *dans mon projet actuel*, je préfère placer le comte de Valmy *de manière à le rappeler, si j'en avais besoin*, et ne pas faire faire de fausses marches au général Lefebvre-Desnoëttes, *parce qu'il est probable que je me déciderai ce soir à marcher sur Bruxelles avec la Garde.* Cependant, couvrez la division Lefebvre-Desnoëttes avec les deux divisions de cavalerie de d'Erlon parce que, s'il y a une échauffourée avec les Anglais, il est préférable que ce soit sur la ligne que sur la Garde.

« J'ai adopté comme principe général dans cette campagne de diviser mon armée en deux ailes et une réserve. Votre aile sera composée de quatre divisions du 1er corps, des quatre divisions du 2e corps, de deux divisions de cavalerie légère, et des deux divisions du comte de Valmy.

« Cela ne doit pas être loin de 45.000 à 50.000 hommes.

« Le maréchal Grouchy aura à peu près la même force et commandera l'aile droite. La Garde formera la réserve, *et je me porterai sur l'une ou l'autre aile suivant les circonstances.* Le major général donne les ordres les plus précis pour qu'il n'y ait aucune difficulté sur l'obéissance à vos ordres quand vous serez détaché; les commandants de corps devront prendre mes ordres quand je serai présent; *suivant les circonstances, j'affaiblirai l'une ou l'autre aile en augmentant ma réserve.*

« *Vous sentez assez l'importance attachée à la prise de Bruxelles.* Cela pourra d'ailleurs donner lieu à des accidents, car un mouvement aussi prompt et aussi brusque *isolera l'armée anglaise de Mons, Ostende,* etc...

« Je désire que vos dispositions soient bien faites pour qu'au premier ordre *vos* huit divisions puissent marcher rapidement et sans obstacle sur Bruxelles. »

*_**

Lettre de Napoléon au maréchal Grouchy.

Charleroi, le 16 juin 1815.

« Mon cousin, je vous envoie Labédoyère, mon aide de camp, pour vous porter la présente lettre. Le major général a dû vous faire connaître mes intentions; mais, comme il a des officiers mal montés, mon aide de camp *arrivera peut-être avant.*

Mon intention est que, comme commandant de l'aile droite, vous preniez le commandement du 3e corps que commande le général Vandamme, du 4e corps que commande le général Gérard, des corps de cavalerie que commandent les généraux Pajol, Milhaud et Exelmans, ce qui ne doit pas faire loin de 50.000 hommes.

« Rendez-vous avec cette aile droite sur Sombreffe.

« *Faites partir* en conséquence de suite les corps des généraux Pajol, Milhaud, Exelmans et Vandamme, et, *sans vous arrêter*, continuez votre mouvement sur Sombreffe. Le 4ᵉ corps qui se trouve à Capel reçoit directement l'ordre de se rendre à Sombreffe sans passer par Fleurus. Cette observation est importante, parce que je porte mon quartier général à Fleurus, et qu'il faut éviter les encombrements. *Envoyez de suite* un officier au général Gérard pour lui faire connaître votre mouvement, et qu'il exécute le sien *de suite*. Mon intention est que tous les généraux prennent directement vos ordres; ils ne prendront les miens que lorsque je serai présent; je me rendrai à Sombreffe, *laissant ma Garde, infanterie et cavalerie, à Fleurus; je ne la conduirai à Sombreffe qu'en cas qu'elle fût nécessaire. Si l'ennemi est à Sombreffe, je veux l'attaquer; je veux même l'attaquer à Gembloux, et m'emparer de cette position, mon intention étant, après avoir reconnu ces deux positions* (1) *de partir cette nuit, et d'opérer avec mon aile gauche, que commande le maréchal Ney, sur les Anglais. Ne perdez donc pas un moment, parce que plus vite je prendrai mon parti, mieux cela vaudra pour la suite de mes opérations.* Je suppose que vous êtes à Fleurus; communiquez constamment avec le général Gérard, afin qu'il puisse vous aider pour attaquer Sombreffe, *s'il était nécessaire.* La division Girard a été portée à Fleurus; n'en disposez pas, à moins de nécessité absolue, parce qu'elle doit marcher toute la nuit (2).

« Comme je vous l'ai dit, je serai de 10 à 11 heures à Fleurus. *Envoyez-moi des rapports sur tout ce que vous apprendrez;* veillez à ce que la route de Fleurus soit libre. *Toutes les données que j'ai sont que les Prussiens ne peuvent pas nous opposer plus de 40.000 hommes.* »

*
* *

Reproduisons maintenant les ordres envoyés par le major général :

Ordre au maréchal Ney.

« L'Empereur ordonne que vous mettiez en marche les 1ᵉʳ et 2ᵉ corps d'armée, ainsi que le 3ᵉ corps de cavalerie (Kellermann) pour les diriger sur l'intersection des chemins dits les Trois-Bras (3) (route de Bruxelles), où vous leur ferez prendre position, et vous porterez en

---

(1) Napoléon entend par là reconnaître ce qu'il y a de Prussiens sur ces deux positions.

(2) Dans l'hypothèse de la marche sur Bruxelles.

(3) Sur la carte dont se servit l'État-major général, les Quatre-Bras figurent sous la dénomination impropre des Trois-Bras.

même temps des reconnaissances aussi en avant que possible sur la route de Bruxelles et sur Nivelles, d'où probablement l'ennemi s'est retiré.

« Sa Majesté désire que, s'il n'y a pas d'inconvénients, vous établissiez une division avec de la cavalerie à Genappe, et elle ordonne que vous portiez une autre division du côté de Marbais pour couvrir l'espace entre Sombreffe et les Trois-Bras.

« L'Empereur va se porter sur Sombreffe où, d'après les ordres de Sa Majesté, M. le maréchal Grouchy doit se diriger avec les 3e et 4e corps d'infanterie, et les 1er, 2e et 4e corps de cavalerie. Le maréchal Grouchy fera occuper Gembloux. »

Ordre au maréchal Grouchy.

« Monsieur le Maréchal, l'Empereur ordonne que vous vous mettiez en marche avec les 1er, 2e et 4e corps de cavalerie, et que vous les dirigiez sur Sombreffe où vous prendrez position.

« Je donne pareil ordre à M. le lieutenant général Vandamme, pour le 3e corps d'infanterie, et à M. le lieutenant général Gérard pour le 4e corps, et je préviens ces deux officiers généraux qu'ils sont sous vos ordres, et qu'ils doivent vous envoyer immédiatement des officiers pour vous instruire de leur marche et prendre vos instructions. Je leur dis cependant que lorsque Sa Majesté sera présente, ils pourront recevoir d'elle les ordres directs, et qu'ils devront continuer à m'envoyer des rapports de service et les états qu'ils ont l'habitude de me fournir.

« Je préviens aussi M. le général Gérard que, dans ses mouvements sur Sombreffe, il doit laisser la ville de Fleurus à gauche, afin d'éviter l'encombrement. Ainsi, vous lui donnerez une direction pour qu'il marche, d'ailleurs bien réuni, à portée du 3e corps, et soit en mesure de concourir à l'attaque de Sombreffe, si l'ennemi fait résistance.

« Vous donnerez aussi des instructions en conséquence à M. le lieutenant général comte Vandamme.

« J'ai l'honneur de vous prévenir que M. le comte de Valmy a reçu ordre de se rendre à Gosselies où, avec le 3e corps de cavalerie, il sera à la disposition de M. le prince de la Moskowa.

« Le 1er régiment de hussards rentrera au 1er corps de cavalerie dans la journée. Je prendrai à ce sujet les ordres de l'Empereur. J'ai l'honneur de vous prévenir que M. le maréchal prince de la Moskowa reçoit ordre de se porter avec les 1er et 2e corps d'infanterie et le 3e de cavalerie, à l'intersection de chemins dits les Trois-Bras, sur la route de Bruxelles, et qu'il détachera un fort corps à Marbais pour se lier avec vous sur Sombreffe et seconder au besoin vos opérations.

« Aussitôt que vous vous serez rendu maître de Sombreffe, il *faudra envoyer une avant-garde à Gembloux, et faire reconnaître toutes les*

directions qui aboutissent à Sombreffe, particulièrement la grande
route de Namur en même temps que vous vous établirez en communication avec M. le maréchal Ney.

« La Garde impériale se dirige sur Fleurus. »

****

L'importance de ces documents est capitale, car ils mettent en
pleine lumière la pensée de l'Empereur le 16 juin, aux premières
heures de la matinée.

Comment, en présence de textes aussi positifs, bon nombre d'histo-
riens, M. Thiers, entre autres, ont-ils pu écrire que le plan de Napoléon
était arrêté, *ne varietur,* qu'il consistait à en finir d'abord avec Blücher, parce que celui-ci, plus actif que Wellington, ne manquerait
pas de secourir rapidement l'armée anglaise?

Aucune des lettres précitées ne porte d'indication d'heure, mais
il est généralement admis que les ordres de Soult ont été expédiés
vers 7 heures, ceux de l'Empereur environ une heure plus tard (Voir
HOUSSAYE, *1815 — Waterloo,* p. 136).

Ce qu'il importe de signaler en premier lieu, ce sont les différences
essentielles qui existent entre les ordres de Napoléon et ceux du major
général.

Pour quels motifs l'Empereur estima-t-il nécessaire d'écrire lui-
même aux commandants de ses deux ailes, après leur avoir fait trans-
mettre ses instructions par le maréchal Soult?

Pour nous, la raison invoquée d'officiers plus ou moins bien montés,
arrivant plus ou moins vite, est secondaire, car il n'y a qu'un peu
plus de 3 lieues de Charleroi à Fleurus, par une bonne route, un peu
plus de 2 de Charleroi à Gosselies, par une bonne route également.
Les officiers du major général, étant partis depuis près d'une heure,
ne pouvaient donc être devancés de beaucoup, si même ils pouvaient
l'être, par ceux de l'Empereur qui ne se faisait pas d'illusion à ce sujet
puisqu'il écrivait à Ney : « Mon aide de camp arrivera *peut-être avant.* »
Il faut chercher une autre raison.

On remarquera que si les deux lettres de Napoléon à Ney et à
Grouchy, celle à Ney surtout, dévoilent les projets de l'Empereur
pour la journée du 16, et même, en ce qui concerne l'aile gauche, pour
la journée du 17, *projets subordonnés, il est vrai, à ce qui se passera
vers la droite,* les ordres du major général sont muets à cet égard. Ils
indiquent bien aux commandants des deux ailes les directions à
suivre, les points à occuper, mais ils ne mentionnent ni le but d'ensemble, ni les intentions ultérieures; *il n'y est même pas question du
projet de marche sur Bruxelles.*

Nous estimons que le major général n'était pas au courant, le
16 au matin, des intentions de Napoléon.

Cela peut étonner, au premier abord; mais il ne faut pas oublier combien les méthodes de commandement de l'Empereur étaient essentiellement personnelles.

En 1806, il écrit à Berthier, son chef d'état-major depuis dix ans, investi de toute sa confiance : « Tenez-vous-en strictement aux ordres que je vous donne; exécutez ponctuellement vos instructions; *moi seul sais ce que je dois faire.* »

Et Berthier, de son côté, écrivait à Soult, en 1807 : « *Je ne suis rien dans l'armée;* je reçois, au nom de l'Empereur, les rapports des maréchaux, et je signe les ordres pour lui; *je suis nul pour tout ce qui m'est personnel.* »

On conviendra sans peine qu'en 1815, après les événements, les lâchages, voire même les trahisons de l'année précédente, Napoléon devait être moins que jamais en confiance, surtout vis-à-vis de Soult passé aux Bourbons corps et âme, puis revenu à lui dès que le succès eut couronné son entreprise, devenu son major général après avoir été le ministre de la Guerre de Louis XVIII, ayant sollicité sa rentrée en grâce après avoir traité son bienfaiteur de « fou » et d' « aventurier » dans un ordre du jour! De tels revirements ne pouvaient qu'avoir laissé dans l'esprit de l'Empereur une impression pénible, et l'inciter à une réserve bien compréhensible.

La désertion de Bourmont, survenue la veille, n'avait pu aussi que le rendre plus méfiant et plus fermé.

Il est donc très admissible qu'il n'ait pas mis le major général au courant des combinaisons qui mûrissaient peu à peu dans son esprit.

Dès lors, il lui a fallu orienter lui-même les commandants de ses deux ailes en leur faisant connaître, *au dernier moment,* le but de ses opérations, et les relations qui pouvaient, à un moment donné, s'établir entre eux; ses lettres n'ont d'autre objet que de combler des lacunes qui, par la force des choses, ne pouvaient qu'exister dans celles du major général.

Napoléon écrit à Ney, en ce qui concerne la division détachée à Marbais et la cavalerie de Kellermann, « qu'il veut pouvoir les attirer à lui, s'il en est besoin ». Or, les instructions de Soult au maréchal se bornent à dire que la division de Marbais « doit couvrir l'espace entre Sombreffe et les Trois-Bras » et que le corps de cavalerie de Kellermann « se dirigera sur l'intersection des chemins dits les Trois-Bras ».

Dans la lettre à Grouchy, le major général écrit : « M. le comte de Valmy a reçu l'ordre de se rendre à Gosselies où, avec le 3e corps de cavalerie, il sera à la disposition de M. le prince de la Moskowa. » Or, ce n'est pas Gosselies, mais la croisée des chemins, à une lieue au sud de ce village, que l'Empereur assigne comme emplacement aux escadrons de Kellermann parce que là ils sont sur la voie romaine qui les lui amènera, s'il veut les attirer à lui.

On ne saurait admettre que Soult eût passé sous silence des dispositions aussi importantes, dont les tendances étaient aussi nettement accusées, s'il en avait eu connaissance.

La seule chose qu'il sache, si l'on se reporte à sa lettre à Grouchy, c'est que la division de Marbais « pourra seconder au besoin les opérations de l'aile droite ». On conviendra que c'est peu, et, il importe d'y insister, il n'est certainement pas au courant des intentions de l'Empereur en ce qui concerne l'aile gauche et la marche sur Bruxelles dont il ne dit rien.

On peut affirmer qu'il ressort jusqu'à l'évidence des lettres de Napoléon qu'il compte, en principe, agir avec sa gauche contre les Anglais et pousser sur Bruxelles, parce qu'il croit alors que ses deux adversaires sont en retraite sur des directions divergentes, et que, dès lors, les Prussiens ne l'attendront en forces ni à Sombreffe, ni même à Gembloux, *mais qu'il ne pense être fixé définitivement qu'après avoir enlevé Gembloux*. En raison de sa haine contre les Anglais, l'idée de commencer par leur régler leur compte n'était certainement pas faite pour lui déplaire.

Mais avant de marcher vers le nord et d'entamer les opérations sur la ligne intérieure, il veut écarter par un coup vigoureux les deux branches de la tenaille dans laquelle il lui faut s'engager, car sa situation sera d'autant plus avantageuse qu'elles seront plus éloignées l'une de l'autre ; en outre, il escompte la certitude d'un succès si les Prussiens, qu'il estime en nombre inférieur, veulent tenir à Sombreffe ; il prendra, de ce fait, une supériorité morale qui facilitera grandement la tâche du détachement qui sera chargé de surveiller, et au besoin de contenir Blücher, pendant qu'il s'éloignera lui-même pour marcher aux Anglais.

Ce sera, en fin de compte, une reconnaissance offensive et, si elle venait à se heurter, en dépit des apparences, au gros de l'armée prussienne, les réserves de l'armée seraient à portée pour l'appuyer, et, dans ce cas, Napoléon se serait trouvé ramené à l'opération indiquée dans l'hypothèse que l'armée prussienne ferait front au lieu de retraiter.

L'Empereur prescrit à Grouchy d'attaquer les Prussiens à Sombreffe et à Gembloux, et « de s'emparer de cette position ».

Pourquoi ?

Parce qu'il estime que là seulement il verra clair : « Là, à Gembloux, d'après ce qui se passera, *je prendrai mon parti*. » (Lettre à Ney.)

C'est que Gembloux est le point de départ de toutes les directions que peuvent prendre les Prussiens, sur Namur, sur Liége ou sur Wavre ; une fois maître de Gembloux, en faisant éclairer toutes ces directions, on sera vite fixé.

En outre, si l'Empereur adopte le parti de marcher aux Anglais,

Gembloux est incontestablement le point le plus convenable pour les corps de Grouchy qu'il lui faudra laisser contre Blücher; si le général prussien veut se porter de Namur sur Le Mazy et Sombreffe, c'est-à-dire sur la ligne d'opérations de l'armée, Grouchy pourra être à Sombreffe avant lui, ou l'attaquer dans son flanc droit; s'il veut, après s'être retiré vers Liége, revenir sur ses pas et marcher sur Bry par la voie romaine, le maréchal lui barrera la route; enfin, s'il marche sur Wavre, le commandant de notre aile droite, se portant sur Mont-Saint-Guibert et la Dyle, sera en mesure de s'interposer entre lui et la route suivie par l'Empereur dans ses opérations contre les Anglais, en restant en communication avec le gros de l'armée.

C'était donc une intelligence profondément lucide de la situation, telle que lui seul peut-être pouvait l'avoir, qui amenait Napoléon à avoir, dès le 16 juin au matin, des vues arrêtées sur Gembloux, et il en sera de même, pour des motifs identiques, dans la matinée du 17. Et on a appelé Gembloux « une fausse piste »!

Après avoir réparti ses corps de manière à être prêt à tout événement, l'Empereur devait attendre que la situation se précisât pour arrêter définitivement sa décision.

La marche sur Bruxelles était organisée, mais elle ne pouvait commencer que si la retraite des Prussiens venait à être confirmée.

Se trouvant en présence de forces presque doubles des siennes, avec une armée nerveuse, impressionnable, il ne pouvait et ne voulait rien hasarder, une fausse manœuvre, nous le répétons, pouvant provoquer une catastrophe.

Attendre était pour lui une nécessité impérieuse que n'ont pas comprise certains critiques qui lui ont reproché d'avoir perdu du temps.

Autant qu'eux, pour le moins, l'Empereur était pressé d'agir : « *Ne perdez donc pas un instant*, écrivait-il à Grouchy, *parce que plus vite je prendrai mon parti, mieux cela vaudra pour la suite de mes opérations.* »

Mais, comme il se rend compte de l'impossibilité d'être fixé en un tour de main, il écrit encore : « Là, à Gembloux, d'après ce qui se passera, je prendrai mon parti, *peut-être à 3 heures, peut-être ce soir.* » (Lettre à Ney.)

« Vous vous mettrez en marche ce soir même, si je prends mon parti d'assez bonne heure. » (Lettre au même.)

Enfin, quand il écrit à Grouchy : « Si l'ennemi (les Prussiens) est à Sombreffe, je veux l'attaquer; je veux même l'attaquer s'il est à Gembloux, et m'emparer de cette position, mon intention étant, après avoir reconnu ces deux positions, de partir cette nuit... », ne dit-il pas expressément que son parti ne pourra être définitif qu'au moment où il saura exactement ce que sont devenus les Prussiens?

C'était la sagesse même, et si ses prévisions basées non sur ses désirs, quoi qu'on en ait dit, mais sur les renseignements recueillis et sur les apparences, ne se confirment pas, il appuiera son aile droite avec sa réserve qui est à sa portée, et sera en mesure de livrer bataille à Blücher avec des forces suffisantes pour le battre à fond, d'autant plus que, dans ce cas, il s'est assuré la coopération partielle de son aile gauche.

Et il ne veut pas porter prématurément ses réserves vers Ney, aux Quatre-Bras, avant de savoir positivement si elles ne lui seront pas nécessaires vers Grouchy, à Sombreffe ou à Gembloux.

Voilà ce que certains critiques ont appelé les lenteurs de Napoléon !

Ils ont vu là une diminution de ses facultés !

Il n'est pas jusqu'au dispositif de l'armée, pourtant si adéquat à la situation, qui n'ait été jugé sévèrement.

Quand de telles appréciations viennent de Grouchy qui prétend, dans ses *Mémoires*, que l'Empereur aurait dû porter la totalité de ses forces contre Blücher, au lieu de faire aux Quatre-Bras un détachement inutile (! !), il n'y a lieu ni de s'en étonner, ni de les prendre au sérieux. C'est enfantin !

Certes, ce qu'il y eut de fâcheux dans le fractionnement de l'armée, c'est qu'il fallait bien un chef à l'aile droite, *et que ce chef fut Grouchy*.

Mais que Jomini (1) écrive qu'il eût fallu un centre, deux ailes, et une réserve, voilà qui est fait pour surprendre. Qu'eût pu faire ce centre, le 16 juin, sinon appuyer à droite ou à gauche pour lier ses opérations à celles d'une des deux ailes, et par conséquent se comfondre avec elle !

Ce centre n'eût pu d'ailleurs être constitué qu'au détriment des ailes ou de la réserve qui, dès lors, se fussent trouvées insuffisantes.

Il faut bien dire aussi que ces préoccupations schématiques, cette tendance au formalisme, sont une des faiblesses de Jomini.

Après avoir analysé les ordres de l'Empereur, nous n'hésitons pas à dire que jamais il n'a pris un ensemble de dispositions plus digne de son génie, où l'audace se trouve tempérée, exactement dans la limite qui convient, par la prudence et par la volonté de ne rien hasarder, dispositions dont la souplesse extrême permettait d'agir dans le sens qui conviendrait aussitôt que la situation serait éclairée, *et d'où toute idée préconçue se trouvait exclue*.

Dans une prochaine étude, consacrée à la bataille de Ligny, nous prouverons que si, le 16 juin, l'action ne fut pas engagée plus tôt, ce fut à cause de la pusillanimité de Grouchy et du peu d'activité qu'il apporta dans le service de reconnaissance dont il était chargé.

---

(1) Correspondance avec Grouchy, *Mémoires de Grouchy*, vol. V, p. 455.

TABLE DES MATIÈRES

NANCY, IMPRIMERIE BERGER-LEVRAULT